TRAVAUX DU CENTRE D'ÉTUDES SUPÉRIEURES
DE LA RENAISSANCE
sous la direction de Laurent Gerbier,
Chiara Lastraioli et Paul-Alexis Mellet
9

Ordre et Désordre

Actes des premières rencontres doctorales pluridisciplinaires sur le thème « Ordre et désordre » organisées le 18 mai 2017 par l'Association des doctorants du Centre d'études supérieures de la Renaissance

Ordre et Désordre

Perturbations et rétablissements de l'ordre à la Renaissance

Sous la direction de Clément Beuvier, Charlotte Fuchs, Jonas Kurscheidt, Pierre Peresson et Irvin Raschel

PARIS
CLASSIQUES GARNIER
2021

Clément Beuvier est doctorant en lettres et en philosophie au Centre d'études supérieures de la Renaissance.

Charlotte Fuchs est docteure en histoire et chef de projet du Campus des métiers et des qualifications d'excellence patrimoines, métiers d'art, tourisme.

Jonas Kurscheidt est doctorant en histoire du livre à l'École nationale des Chartes.

Pierre Peresson est doctorant en histoire au Centre d'études supérieures de la Renaissance.

Irvin Raschel est doctorant en lettres au Centre d'études supérieures de la Renaissance.

ISBN 978-2-406-11309-6 (livre broché)
ISBN 978-2-406-11310-2 (livre relié)
ISSN 2497-4021

INTRODUCTION

Cet ouvrage collectif est le premier d'une série qui rassemblera les travaux menés dans le cadre des Rencontres doctorales pluridisciplinaires organisées depuis 2017 par l'Association des Doctorants du Centre d'études supérieures de la Renaissance. Il regroupe les communications données par des doctorants et des étudiants de master lors de la première édition de ces Rencontres, qui se sont tenues à Tours le 18 mai 2017 autour du thème « Ordre & désordre ». Organisées par Charlotte Fuchs, Jonas Kurscheidt et Irvin Raschel, ces rencontres ont été rendues possibles par le soutien de Paul-Alexis Mellet, maître de conférences HDR en histoire, coordonnateur des activités de l'ADCESR depuis sa création en 2016 jusqu'en 2018, ainsi que de Benoist Pierre, professeur en histoire et directeur du CESR, et de Gérald Chaix, professeur émérite en histoire, qui ont accepté de les introduire.

Les neuf études réunies dans ce recueil témoignent, par la diversité des disciplines représentées autant que par les approches choisies, de la fécondité du thème qui avait été proposé à la réflexion des participants. S'appuyant sur des travaux de thèse ou de mémoire en cours en littérature, droit, histoire et histoire de l'art, elles couvrent une période allant des années 1470 jusqu'au début du XVIIe siècle. Toutes montrent à quel point les crises qui ont traversé la Renaissance ont entraîné des réflexions sur les désordres du monde et les moyens d'y remédier.

Qu'elles envisagent l'ordre comme loi du monde ou bien comme règle de l'art, les communications soulignent toutes la primauté de l'ordre dans les rapports de l'ordre et du désordre. Le désordre est ce à quoi il faut remédier et ce à travers quoi un sens est à déceler pour recouvrer la signification des œuvres et de l'histoire, humaine et divine. Si le désordre apparaît comme ontologiquement secondaire, c'est toutefois sa localisation qui permet aux auteurs de déterminer les rapports de l'ordre et du désordre. Trois modélisations de ces relations émergent des articles de ce recueil. Elles ne dépendent pas seulement des déterminations internes des œuvres ou des processus analysés, mais encore du rapport que les auteurs établissent entre leur objet étude et l'espace référentiel dans lequel il s'inscrit. Dans les cas où l'œuvre offre un désordre à contempler, elle ne fait que mettre en scène un désordre manifeste qui est construit, toujours inféodé à l'ordre des règles de l'art. Le désordre interne à l'œuvre peut au surplus avoir pour référent le désordre du monde social. Sa mise en scène, dans ce deuxième modèle, devient mise à distance : le désordre est convoqué dans l'œuvre pour être chassé du monde. Cette ambition de conjurer le désordre peut enfin passer par l'affirmation exclusive de l'ordre dans l'œuvre. L'entreprise de mise en ordre formelle doit alors avoir pour conséquence la suppression du désordre dans le monde.

Le premier champ d'investigation proposé par les auteurs est celui de la langue même : l'ordre de la langue, l'ordre dans la langue. À travers l'analyse des rapports entre la syntaxe et l'*inventio*, c'est bien la possibilité d'une mise en ordre qui émerge dans l'espace linguistique. L'horizon de la compréhension et de l'interprétation implique en soi un ordonnancement minimal, pour les formes du langage commun comme pour le langage poétique ou technique. Comme le montre David Moucaud, au milieu du XVIe siècle, la raison métrique l'emporte toujours sur les emportements de l'affectivité et sur le *furor* poétique. Les poètes, à la suite d'un Jodelle ou d'un Marot, peuvent feindre le désordre en usant de tout le potentiel de la syntaxe. Ils peuvent s'émanciper de certaines formes de la poésie préclassique et bouleverser l'ordre du plan, sans pour autant échapper à toute forme d'ordre ; mieux, leur écriture est toujours au service d'une *ratio poetica*, celle du vers et de sa rythmique. L'auteur s'appuie sur une analyse stylistique fine d'œuvres versifiées, proposant un approfondissement des travaux de Mitsou Ronat[1]. En soulignant l'artificialité du langage poétique, le désordre révèle tout ce qu'il doit à l'ordre : s'il s'offre en premier aux sens et à la lecture, il n'est que subsidiaire.

La langue poétique n'est pas la seule à être l'objet et l'outil d'une mise en ordre. Au tournant du XVIe siècle, des jurisconsultes s'intéressent

1 Mitsou Ronat, « Métrico-phono-syntaxe : le vers français alexandrin », *Cahiers de Poétique comparée*, vol. II, n° 2, 1975, p. 47-92.

aux potentialités de formalisation de l'écriture pour les mettre au service de leurs compilations de coutumes et donc au service du droit. C'est le cas d'Antoine Loisel dans ses *Institutes coustumières* dont le projet d'écriture est étudié par Thomas Tatem. À travers l'élaboration d'un style de la maxime, le juriste veut travailler à la fois sur l'horizon de la compréhension et sur celui de l'interprétation. Il prend acte d'un désordre dans le champ du droit coutumier et procède à une remise en ordre qui commence au ras du langage juridique. S'inscrivant dans la lignée des compilateurs tardo-antiques, il déploie une poétique de la concision au service de la clarté du langage et du droit. Le désordre est ici renvoyé dans le monde, celui des techniques juridiques tout autant que celui des pratiques sociales, et l'entreprise du juriste est alors de retrouver l'ordre parmi les coutumes. La recherche n'est que le premier moment du travail de Loisel. Il s'agit ensuite de réduire au maximum l'espace d'interprétation de la coutume en utilisant la puissance évocatrice de ces formules brèves : une syntaxe minimaliste permet le contrôle le plus étroit sur la production de signification. Les phrases ainsi tournées frappent l'oreille et facilitent l'assimilation et la mémorisation du contenu juridique. La langue de Loisel use ainsi des ressources littéraires pour toujours assurer ses effets dans le monde social. Ce faisant, elle sert l'apprentissage et la pratique du droit mais aussi la divulgation la plus large des coutumes épurées dans le nouvel espace national. C'est donc vers le champ politique que tend ce travail de la langue : il s'agit de renforcer le pouvoir royal dans le royaume en fondant un droit unifié sur un territoire. L'ordre dans la langue doit fonder l'ordre du droit, sa performativité se lira ensuite dans la capacité du texte des *Institutes* à ramener des coutumes variées sous une seule interprétation et à renforcer par là le pouvoir du roi sur ses sujets. La puissance et l'efficacité politique d'une mise en ordre de et par la langue sont ainsi affirmées au tournant du XVIe siècle, dans le champ du droit.

Une série d'articles s'intéresse ensuite aux genres et aux figures littéraires par lesquels s'expriment les rapports entre ordre et désordre. Les mises en scène des manifestations du désordre se nourrissent à la Renaissance aussi bien des épisodes bibliques que d'une imagerie populaire d'archétypes sociaux. Les premiers sont au cœur de l'étude de Mathilde Cornu sur le procès des diables dans le *Mystère des Actes des Apôtres*, œuvre versifiée du début des années 1470 attribuée à Simon Gréban. Elle y interroge le rôle de l'intervention de ces personnages négatifs dans l'économie de la narration et prête une attention particulière à leur utilisation au service d'une narration plus englobante, celle de l'histoire du salut qui fonde la signification du genre des mystères. Le pur jeu littéraire autour de l'échec annoncé des tentatives des diables et la forme d'ironie tragique inversée que le spectateur ou le lecteur peut ressentir à l'égard d'anti-héros tournés en ridicule ne doivent pas nous amener à négliger une lecture plus proprement théologique. Si les diables moqués au cours du procès offrent prise à une forme de catharsis – celle de l'humiliation de l'ennemi – ils concourent aussi à l'affirmation des vérités de foi. Derrière les allégories, c'est toute une pédagogie sotériologique qui est déployée par l'auteur. Ainsi, dans les années 1470, la mise à distance d'une des figures du désordre ne suffit pas, quand bien même elle jouerait à la fois sur les registres littéraires et sur la construction de l'action. La catharsis opérée par l'intermédiaire de l'ironie ou du rire ne fonctionne pas seule, il s'agit aussi de rappeler les vérités du dogme – c'est ce que permet le procès – car une remise en ordre passagère du monde ne saurait être suffisante. Il faut affirmer l'ordre du salut et ses manifestations dans le monde terrestre ; c'est pourquoi la victoire finale est rejouée avec l'aide des diables, vaincus dans un procès qui avait déjà décidé du sort des hommes.

Les lectures bibliques proposées par les auteurs du XVIe siècle permettent aussi d'analyser l'actualité historique et de questionner la présence du désordre dans le monde, tout en pointant les voies d'un retour à l'ordre des choses voulu par Dieu. Les *Articles du traité de la paix entre Dieu et les hommes* d'Artus Désiré étudiés par Manon Gac en sont l'exemple. Par une présentation comparative des différentes éditions de ce court traité, elle montre comment le prêtre zélé construit depuis la fin des années 1550 un discours en faveur de la remise en ordre politique et religieuse du royaume. Il recourt aux ressources du texte biblique et à une analyse du sens littéral pour retrouver le sens de l'histoire donné par Dieu. L'étude du préambule permet de comprendre la vision du désordre que pouvait avoir un clerc du milieu du XVIe siècle ; on y retrouve la dénonciation traditionnelle des vices des hommes et des abus du clergé.

Le sens du texte ne se limite cependant pas à ce discours moralisateur. Artus Désiré en appelle aussi au roi de France, lieutenant de Dieu sur terre et garant de l'ordre divin dans la cité terrestre. Les ressources du pamphlet servent l'analyse des causes du désordre visibles dans le monde et constituent en même temps un appel à l'intervention du bras séculier. Les différents ordres du salut, de l'Église et du monde ne se confondent pas mais c'est dans ce dernier que le pouvoir politique peut réellement agir pour se conformer à la volonté divine et établir les conditions du retour à l'ordre : d'abord la paix, ensuite la fin des dissensions au sein de la chrétienté. Dans cette perspective, l'étude montre les moyens mis en œuvre par l'auteur pour que son traité parvienne aux oreilles du roi. Il n'est donc pas seulement question de jeu littéraire et de catharsis : ici, la pédagogie déployée par l'auteur correspond à l'apologie d'une politique répressive inaugurée dans les années 1540 et 1550 à l'encontre des protestants.

À la confluence des genres littéraires et du droit, l'article de Charlotte Fuchs étudie la figure de la mégère dans le conflit pour la domination au sein du couple, du XVIe siècle au milieu du XVIIe siècle. L'auteur tente d'approcher une réalité sociale fuyante, passée sous silence dans les sources officielles et administratives, en saisissant au plus près des textes les enjeux liés à sa représentation. Inspirée par les travaux de Dorothea Nolde[2], l'étude resitue d'abord, à travers les sources judiciaires, les manifestations des conflits conjugaux et les mesures coercitives prises par les autorités parlementaires pour ramener l'ordre dans la petite cité qu'est la famille. L'analyse croisée des sources parlementaires et des recueils des juristes et jurisconsultes permet de dégager en creux les linéaments d'une pensée sur l'ordre conjugal qui se développe dans la seconde moitié du XVIe siècle. En symbiose avec la codification tridentine du mariage et ses répliques politiques, la justice parlementaire assimile de plus en plus les atteintes à la domination du mari à des crimes politiques, l'autorité royale étant alors pensée à l'instar de celle du *paterfamilias*. Cela peut se lire à travers les exemples présentés sur le durcissement des peines contre les uxoricides. Dans sa reconstitution

2 Dorothea Nolde, « Violence et pouvoir dans le mariage. Le rapport conjugal dans les procès pour meurtre du conjoint devant le Parlement de Paris à la fin du XVIe siècle », *Royaume de Fémynie : pouvoirs, contraintes, espaces de liberté des femmes, de la Renaissance à la Fronde*, Paris, Honoré Champion, 1999, p. 121-133.

d'un univers mental concernant l'ordre familial, l'auteur enrichit son analyse par une lecture des canards sanglants et d'autres textes relevant du fait-divers. Les sources judiciaires si laconiques trouvent ici leur contrepoint dans le foisonnement propre aux genres de la satire et aux descriptions carnavalesques du désordre, à travers l'évocation des maris battus et les anecdotes sanglantes. Toutefois, le rire auquel est appelé le public est un rire angoissé, là encore au service d'une mise à distance cathartique des atteintes à l'ordre familial et politique et d'un retour à l'ordre. Ceux qui ont manqué à leur statut d'autorité sont au moins autant dénoncés et punis que celles qui ont tenté de porter la culotte. Loin d'être une réalité périphérique, la violence dans les rapports conjugaux cristallise des enjeux politiques centraux autour de la famille. Les théoriciens et les praticiens du droit établissent un ordre de la domination sans s'appesantir et le champ est laissé libre à l'expression d'un imaginaire bigarré. La tension entre l'ordre théorisé ou voulu et les rapports de force quotidiens, dans un moment de régulation des formes du mariage, se rejoue alors dans les textes, à travers la sécheresse des sources judiciaires ou le foisonnement des figures grotesques du fait-divers.

L'intrication entre ordre et désordre se retrouve aussi dans les arts plastiques à la Renaissance, dans la conception des œuvres et leur horizon de perception. Le texte de Diane Baustert s'intéresse à la représentation paradoxale du nain dans la peinture italienne à la Renaissance. Détaché des lectures religieuses moralisantes, le corps du nain se donne à voir sous une lumière nouvelle depuis la fin du XVe siècle. À l'analyse proprement iconographique, l'auteur ajoute l'évocation des écrits de peintres comme Bronzino, afin de mieux saisir les ressorts d'un genre et d'une figure picturale à la fois célèbre et méconnue. Le personnage du nain, quelles que soient ses mises en scène – plus ou moins mythologiques, allégoriques ou naturalistes – cristalliserait les tensions du regard nouveau porté sur le corps à la Renaissance. L'auteur propose une lecture nietzschéenne de cet objet de l'histoire de l'art : le nain est le personnage dionysiaque par excellence, sa morphologie grotesque vient contrebalancer l'ordre apollinien, en y portant un élément de désordre. La monstruosité et l'altérité de cette figure focaliseraient aussi les tensions du regard et mettraient à nu le désir et l'angoisse du spectateur face à l'étrangeté.

Le nain n'est pas simplement l'élément étranger qui vient rehausser la beauté de l'œuvre, une rupture dans l'ordre de l'espace pictural, il ouvrirait un champ différent à la pulsion scopique du spectateur – et aussi du peintre – celui du désir mû par la beauté de la représentation d'une sensualité sans voile, aussi monstrueuse ou animale soit-elle. La perspective d'analyse cathartique est présente tout au long de l'article : la mise à distance de l'anormalité par le grotesque et la sensualité animalisée est présentée comme moyen de réaffirmation, par la négative, de l'ordonnancement propre à la beauté, de l'ordre des choses et de la hiérarchie des êtres dans le monde. L'auteur semble cependant dégager une piste quant à une jouissance gratuite, potentielle réévaluation de l'étrangeté du nanisme et du corps, qui mettrait en évidence un ordre nouveau de la pulsion scopique construit par les peintres italiens au cœur de la Renaissance.

C'est de l'importance des stratégies de canalisation du regard et de balisage du décryptage de l'iconographie qu'il s'agit aussi dans l'analyse de l'ornementation du tour de chœur de la cathédrale de Chartres par Jean Beuvier. S'inscrivant dans la continuité des travaux de Gilles Sauron[3] ou de Jean-Claude Bonne[4] et de la réévaluation de la fonction significative de l'ornement, l'auteur tente de dégager certaines des lignes directrices de l'ordonnancement de ce tour de chœur en le liant aux modes de représentation du tournant du XVe siècle et aux pratiques liturgiques contemporaines. L'anecdotique prend alors tout son sens : dans la sculpture d'ornement de la première Renaissance, point de gratuité. L'impression de désordre résulte peut-être de l'inadéquation de nos grilles de lectures pour étudier ce jeu avec la *varietas.* Une posture herméneutique attentive aux conceptions théologiques et architecturales contemporaines de la réalisation de l'œuvre, et une visée de systématisation presque structuraliste guident la description détaillée des différents éléments de ce décor. L'auteur met ainsi au jour les différents niveaux de leurs rapports dans l'espace de la cathédrale et au sein du chœur, espace de concentration du sacré. Les motifs

3 Gilles Sauron, « Le message symbolique des rinceaux de l'*Ara Pacis Augustæ* », *Compte rendus des séances de l'Académie des Inscriptions et Belles-Lettres*, 126e année, 1, 1982, p. 81-101.

4 Jean-Claude Bonne, « De l'ornement à l'ornementalité » dans Dominique Paris-Poulain (dir.), *Le rôle de l'ornement dans la peinture murale du Moyen Âge*, Poitiers, Centre d'Études Supérieures de Civilisation Médiévale, 1997, p. 103-119.

ornementaux ne sont pas choisis au hasard mais se situent les uns par rapport aux autres de manière à accompagner dans la pierre à la fois le discours théologique sur le salut et les pratiques liturgiques qui y sont liées. Les différents éléments de l'ornementation, loin du simple effet de foisonnement, prennent ainsi leur sens dernier grâce aux célébrations du culte auxquelles ils offrent leur décor moralisé. Toute cette analyse assoit l'idée d'un entrecroisement d'ordres de différentes natures qui a dirigé au plus haut niveau la définition par les commanditaires et les sculpteurs d'un cadre symbolique et ornemental au sein de l'édifice. La pierre ouvre aussi vers le monde social et religieux du XVIe siècle, celui de l'espace consacré et des manifestations quotidiennes de la pratique liturgique et de ses acteurs. Évoquant les récits de voyage du XVIIe siècle, l'auteur montre à quel point une compréhension d'ensemble du sens religieux des motifs ornementaux était encore possible pour les hommes de l'époque moderne. La saisie de ces éléments religieux et sociaux extra-architecturaux dans les cadres d'analyse de l'histoire de l'art vient alors compenser le manque de sources écrites et ouvre la voie à une meilleure compréhension des cadres de pensée des acteurs et des concepts directeurs de leurs œuvres.

Une approche historienne du bâti et des sources permet aussi d'interroger les processus de reconstruction à l'échelle urbaine. Dans son article sur Maillé-Luynes entre 1560 et 1660, Patrick Bordeaux s'appuie sur une étude précise des archives et du bâti de la ville pour comprendre le rôle joué par les désordres politique dans la composition d'un « nouvel ordre luynois » au cours de cette période. L'auteur propose ainsi de faire des crises traversées par Maillé-Luynes une grille de compréhension des transformations de son paysage architectural. À la suite de l'édit de pacification d'Amboise promulgué le 19 mars 1563 par Charles IX, Maillé est désignée pour accueillir un temple protestant. L'auteur analyse les nombreuses tensions engendrées par l'établissement de ce temple au sein de la communauté. Le rôle nouveau de ville-refuge pris par Maillé modifie également ses rapports avec la ville de Tours, située quinze kilomètres plus à l'est. En effet, l'afflux de marchands et d'artisans du secteur textile, en particulier des passementiers, tant protestants que catholiques, fait de Maillé une nouvelle place manufacturière qui entre en concurrence avec sa voisine.

L'auteur réévalue l'impact de ces transformations socio-démographiques et de cette redistribution des rapports sociaux dans le bâti à Maillé. La nouvelle élite marchande affirme en effet sa présence par l'édification de demeures privées aux façades en damier de pierres et de briques dès la fin du XVIe siècle. En 1619, le comté de Maillé devient duché-pairie sous le nom de Luynes et accroit son influence sur les territoires alentours. Le second duc de Luynes, qui mène alors une véritable politique urbaine dans les années 1660, reprend le style spécifique de ce bâti pour les différents édifices qu'il fait construire. Cette étude montre comment les désordres connus par Maillé-Luynes pendant les guerres de Religion ont participé à l'apparition d'un autre ordre architectural dans la région.

La réaction au désordre est étudiée dans le temps court par Marie Lafont, qui propose une analyse de la reconstruction de Bourges après le grand incendie de 1487. L'auteur interroge en particulier le rôle du pouvoir municipal dans les années qui suivent immédiatement la catastrophe. En s'appuyant principalement sur la correspondance entre le roi et la municipalité, ainsi que sur une série de documents comptables, elle met en évidence les modalités de la remise en ordre de la ville et ses enjeux politiques. Les bouleversements causés par l'incendie déterminent une première temporalité de la remédiation au désordre, marquée non seulement par l'évacuation des décombres, mais encore par des travaux d'embellissement comme le pavage des voies de circulation ou bien l'amélioration de la salubrité de l'espace urbain. S'ouvre ensuite une période de reconstitution du bâti qui offre l'occasion au pouvoir politique d'affirmer un nouvel ordre urbain à travers l'édification d'une maison de ville pour accueillir le maire et les échevins. Cet ordre ne s'inscrit pas seulement dans le paysage architectural mais aussi dans l'espace social : le travail sur les archives permet de montrer la mise à contribution des différents corps de métier lors de la reconstruction et au-delà. La municipalité tente en effet de prévenir de nouveaux incendies en mobilisant certains métiers et en formant une garde composée de bourgeois de la ville. La mémoire du désordre passé façonne la perception des risques en projetant un désordre à venir, auquel des pratiques de prévention nouvelles doivent remédier. L'auteur décrit ainsi les modalités concrètes d'une remise en ordre tout en mettant en évidence un autre agencement des rapports de l'ordre et du désordre. Le désordre ne disparaît pas avec sa remédiation, son image projetée subsiste à travers les nouvelles formes de prévention : la mise en ordre dessine en creux l'image d'un désordre.

Clément BEUVIER
Doctorant, Centre d'études
supérieures de la Renaissance,
Université de Tours

Pierre PERESSON
Doctorant, Centre d'études
supérieures de la Renaissance,
Université de Tours

Nous tenons à remercier chaleureusement Laurent Gerbier, qui accompagne les activités de l'ADCESR depuis 2018, pour son enthousiasme et sa disponibilité. Sans son soutien constant et ses conseils, la publication de ces actes n'aurait pas été possible.

PREMIÈRE PARTIE

ORDRE DANS LA LANGUE, ORDRE DE LA LANGUE

LE DÉSORDRE SYNTAXIQUE POUR MÉTRONOME, OU DE LA POÉTIQUE COMME CONFUSION DES ORDRES

De la « moult belle ordonnance[1] » récurrente chez Jean Marot au cri de Sponde contre une « Ame pleine d'ordure, Ame désordonnée[2] », le seizième siècle poétique donne volontiers à voir dans les termes de l'ordre et du désordre le reflet des perfections et des vicissitudes. Un parcours lexical révèle leur progrès général dans les vogues successives de la poésie : aux certitudes encore empreintes de féodalisme sur la continuité des ordres et ce qu'ordonne Dieu, se substituent bientôt le « desordonné appetit[3] » des passions (qu'ordonne Cupido) puis un doute, antiquisant pour l'essentiel, sur des injonctions moins claires encore : « O ! qu'incertain est l'ordre de là-haut ! » criera ainsi Proculée dans la *Cléopâtre captive*[4]. Contre une telle fluctuation de l'histoire, les fils de l'ordre sont assurément tenus serrés par l'idée, si malaudible qu'elle puisse être, d'une harmonie des causes. Ainsi, de loin en loin, se répète-t-on les lois de la permanence, chez Louise Labé (« Leur harmonie et

1 Voir J. Marot, *Voyage de Gênes* (1507), éd. G. Trisolini, Genève, Droz, 1974, v. 487, 722, 797 : « Tant clercs que lais, en moult belle ordonnance », « Entra à Genes en moult belle ordonnance », « Quatre bourgeoys en moult belle ordonnance » ; *Voyage de Venise* (1507), éd. G. Trisolini, Genève, Droz, 1977, v. 1747 : « Laquelle conduysoient, en moult belle ordonnance » ; *cf. ibid.*, v. 3418 : « De la ville en belle ordonnance » et O. de Saint-Gelais, *Chasse et retenue d'amours* (1509), éd. M. B. Winn, Genève, Droz, 1984, v. 4704 : « De Dames en belle ordonnance ».

2 J. de Sponde, « Stances de la Cène, Essay de quelques poemes chrestiens » (1588), éd. A. Boase, *Œuvres littéraires*, Genève, Droz, 1978, p. 237, v. 32.

3 Cl. Marot, « Prière devant le repas » (1543), éd. G. Defaux, *Œuvres poétiques*, vol. II, Paris, Bordas, 1993, p. 678, v. 4.

4 E. Jodelle, *Cléopâtre captive* (1553), éd. E. Balmas, *La Tragédie à l'époque d'Henri II et de Charles IX. Première série (1550-1561)*, Florence-Paris, Leo S. Olschki-PUF, 1986, p. 116, v. 1508.

ordre irrevocable[5] ») en 1555 comme en 1573 chez Desportes (« Mais qui pourroit fuir ce qui est ordonné[6] ? ») ou Baïf :

> Tousjours en l'arc bandé la corde n'est tendüe :
> Ny le beuf sans repos ne traine la charuë :
> Toute chose a son tems. Tel cours est ordoné
> Par la sage nature en tout ce qui est né[7].

Nul ordre sans raison, nul désordre sans cause. Tel serait, en condensé, le possible consensus moral du temps.

Tout aussi ordonnée, la langue des vers tiendrait quant à elle sa mesure et sa raison du calibre qui la formate. Or, plus d'un interstice semble devoir y révéler son jeu et la composition est, de surcroît, le lieu privilégié d'une intersection des ordres et se projette sur ces deux aspects de ce que trop vite on aura appelé « l'ordre » en matière poétique : son *elocutio* définit un ordre sécant de la *ligne*, ordinal et analytique, qui par excellence est *syntaxique* (ou syntagmatique); quand la *dispositio* et l'*inventio* construisent dans l'ordre global du *plan*, cardinal et synthétique, pour donner corps à une grammaire relevant du paradigme. La lettre et l'esprit, en somme entrelacés, se font concurrence dans la mise en scène poétique d'un certain *désordre* – peut-être de tous les désordres.

L'occasion de cette rencontre est trop belle pour ne pas risquer l'anachronisme de considérations stylistiques à la Bally sur la langue poétique du seizième siècle, laboratoire métrique et lyrique de premier plan, autour de cette question centrale. Qu'ils soient affectifs ou syntaxiques, « motivés » ou formels, ordre et désordre sont des enjeux cruciaux de cette écriture poétique, et on se demandera ici consécutivement si le *désordre* poétique est interprétable et si même il « existe » vraiment au seizième siècle. Ou pour le demander plus explicitement encore : y a-t-il au seizième siècle de la place pour l'*ordo poeticus* dans la *ratio poetica* ?

En premier lieu, il convient de préciser cette idée d'une *ratio poetica* qui instituerait la langue versifiée, du moins telle qu'elle est pratiquée et perçue au début du seizième siècle, comme un art de l'ordre formel.

---

5 L. Labé, « Sonnet [XXII] » (1555), éd. Fr. Rigolot, *Œuvres complètes*, Paris, GF, 2015, p. 133, v. 12.

6 Ph. Desportes, « [Sonnet] LII » du *Premier livre des Amours* (1573), éd. Fr. Rouget et B. Petey-Girard, *Les Premières Œuvres*, Paris, Classiques Garnier, 2014, p. 110, v. 9.

7 J.-A. de Baïf, « à Monseigneur le Duc d'Anjou » (1573), éd. J. Vignes *et al.*, Paris, H. Champion, 2002, vol. I, p. 475, v. 25-28.

En analysant ce fameux vers de Marot, « Je rime en prose (& peult estre en raison)[8] », Guillaume Berthon a décrit l'arraisonnement de l'écriture poétique par la rime[9]. Le sillon, ou toute autre métaphore du retour réglé du vers, y trouve sa charnière, peut-être son ornière, en tout cas un paramètre fondamental. La question de la rime est extrêmement documentée, et ne sera relevée ici qu'au moment d'interroger sa part dans ce qu'on appelle la *licence* poétique. Ce vers de Marot subordonne l'art au naturel et dispose des priorités d'intention de sorte à mettre en avant une pratique qu'il revendique autodidacte, pour ne pas dire dilettante. G. Berthon montre en détail qu'il s'agit de construire un *ethos*, mais que ce vers à lui seul nuance déjà le programme : sous l'aspect d'une concession à l'art (à l'artifice), c'est l'omniprésence du nombre qui est rappelée, comme un constant retour à l'ordre, à la norme, au code. Il renvoie à l'analyse de l'expression « sans rime et sans raison » par le lexicographe Gilles Roques[10] et rappelle que, bien au-delà d'un contexte métapoétique, elle est une définition médiévale du désordre. Des occurrences recensées par G. Roques, on peut retenir celle que Lemaire de Belges met dans la bouche de Marguerite d'Autriche pour la déploration sur la mort de son frère :

> Devant mes yeux se presente un abyme
> Confus, estrange, et sans sort unanime,
> Des cas futurs, dont de peut je m'effroye :
> Tout est meslé, *n'y ha raison ne rime*
> Tout est en bransle et dangereux estime,
> Tout sera mis hors de reigle et de roye[11].

L'« abyme », le « bransle » laissent peu de doute sur l'extrémité du désarroi, et la locution, puisque c'est ce qui motive l'étude de G. Roques, est bel et bien figée. Lemaire lui adjoint même une autre formule empruntée à la géométrie : « hors de reigle et de roye ».

L'archéologie linguistique menée par G. Roques congédie assez vite l'origine métapoétique mais surtout l'idée d'un doublet associatif

8 Cl. Marot, « [Rondeau] XXIII » (1532), éd. citée, vol. I, p. 146, v. 12.

9 G. Berthon, « "Je rime en prose (& peult estre en raison)." Marot et la rime », *Bibliothèque d'Humanisme et Renaissance*, 70, 2008, p. 7-32.

10 G. Roques, « Sans rime et sans raison », *Le Moyen Français*, 14-15 : « La Locution », Actes du colloque tenu à l'Université McGill, 1984, p. 419-436, cité par G. Berthon, art. cité, p. 24.

11 J. Lemaire de Belges, « Ce sont les Regretz de la Dame infortunée sur le trespas de son trescher frere unique » (1506), éd. J. Stecher, *Œuvres*, Louvain, Impr. Lefever, 1885, p. 193, v. 157-162, cité par G. Roques, art. cité, p. 431.

de quasi synonymes, au profit d'un sens plus spécifique où « raison » signifierait « parole » dans une opposition formelle et non thématique[12]. La reformulation donnée par Lemaire, dans une séquence de vers qui ne porte ni sur la composition poétique ni sur la géométrie, milite plutôt dans l'autre sens : règle et rayon, raison et rime se complètent sans s'opposer, entretenant entre eux des rapports métonymiques. Ce que Marot feignait élégamment de dissocier, pour encadrer la « prose » de son menu propos et fonder une fois de plus l'humilité de son style, est bien coordonné dans toutes les réalisations de ce tour… dont on observera qu'il est avant tout une *formule* métrique.

Enfin, dans son premier rondeau, Marot oppose encore explicitement ce couple formel, pris ensemble comme tel, au domaine de l'*inventio* :

> Bien inventer vous fault premierement,
> L'invention deschiffrer proprement,
> Si que *Raison, et Ryme* ne soit morte
> En ung rondeau[13].

L'association lexicale est somme toute assez topique sur le fond (en tant qu'elle fait de la rime la raison du vers), mais il n'est pas anodin qu'elle acquière force de locution en quittant le champ de la versification. Avatar de l'ordre, cette *raison* poétique (qui va de pair avec la rime sans s'y limiter tout à fait) investit par conséquent l'écriture poétique en combinatoire ordinaire : elle est le principe même de son *elocutio*. Quand l'euphémisme du « peult estre » marotique prépare la *doxa* de la Pléiade, valorisant le *furor* contre le *labor*, le (vieux) fond formulaire conserve l'idée que dans les représentations partagées, composer des vers est une affaire arithmétique.

Si la composition poétique est un art computationnel – de l'ordre et du nombre, il apparaît qu'elle peut aussi être guidée par un *désordre* certain – ou un certain goût du désordre, qu'il soit thématisé par le *furor* ou concédé dans le métadiscours au titre de la « licence poétique ». À l'ordre superficiel, linéaire, syntaxique de la langue s'opposerait alors le cadre, conforté par ces infractions publicitaires, de l'*ordo poeticus*, ordre *du* poétique, ou pour le dire encore autrement de l'identité fictionnelle du champ poétique.

---

12 Si G. Roques reconnaît que ce sens dérivé est assez rare, il reste qu'il désigne un discours ayant valeur d'argument construit et organisé.

13 Cl. Marot, « [Rondeau] I », éd. citée, vol. I, p. 130, v. 6-9.

En défigeant l'expression « en rime… et en raison », Marot, bravache, signale manifestement un *désir* de désordre, de contravention à la règle. À mesure que les arts de rhétorique font place à des arts poétiques, on joue à remonter « du Compas » vers « la Muse », pour reprendre le titre d'une récente anthologie d'*artes*[14]. Le parcours d'un vaste corpus sur tout le siècle[15] indique que la majorité des vers comportant ensemble ces deux mots, « rime » et « raison », sont de Marot et jouent à déformer la locution, que déjà concurrence le binôme « ordre & raison[16] » ; après lui, elle semble avoir perdu toute sa force, aussi bien formulaire que phraséologique, et il serait séduisant d'en tirer l'idée d'une émancipation poétique, concomitante des penchants ronsardiens pour l'Inspiration et l'*enthousiasmos*.

Notre première hypothèse était donc celle du déni ou de l'évitement : la force matricielle, devenue proverbiale, du creuset métrique, serait atténuée au profit de ce que le vers de Verlaine jouerait un jour à nommer « littérature ». Plus précisément, peut-être, l'autre leçon à tirer de l'ambiguïté du couple « rime-raison » nous est livrée par l'angle retenu par G. Berthon, qui se focalise sur la rime. Désignée par les poètes et la tradition poéticienne comme la clef de l'édifice poétique[17], elle laisse dans l'ombre la *raison*, sa plus discrète composante ordinatrice. La simplification adversative rime/prose, comme la grande discrétion des traités en ce qui concerne l'ordre des mots nous font habituellement négliger cette malséante et trop comptable *ratio*.

L'exemple du traité de Sébillet[18] est assez représentatif de ces nouveaux arts poétiques. Le titre d'un de ses chapitres laisse d'abord attendre un point à cet égard, mais on est vite détrompé : « Du style du Poème : du *choix et ordre* des Vocables […] appelé en Latin, Élocution ». En fait

14 J.-Ch. Monferran (éd.), *La Muse et le Compas : poétiques à l'aube de l'âge moderne*, Paris, Classiques Garnier, 2015.

15 Celui que nous avons constitué dans le cadre de notre thèse, d'environ 180 000 vers composés entre 1480 et 1575.

16 Voir par exemple chez Fr. Sagon, en pleine affaire des blasons : « […] Puisque des droictz de rhetorique abuse, / Les emploïant sans ordre et sans raison, / A deschiffrer du corps le sot blason » (« Epistre par Françoys de Sagon […] responsive à celle de Charles de la Hueterie » (1537), éd. J. Goeury, *Blasons anatomiques du corps féminin*, Paris, GF, 2016, p. 143, v. 156-158.

17 Voir sur ce point V. Beaudouin, *Mètre et Rythmes du vers classique. Corneille et Racine*, Paris, H. Champion, 2002, p. 77-150, notamment p. 80 (le titre original de la thèse soutenue en 2000 à l'EHESS était *Rythme et Rime de l'alexandrin classique*) ; G. Berthon rappelle par ailleurs que pour Marot encore – c'est encore parfois le cas chez Du Bellay – « rime » et « rythme » sont un même mot.

18 Th. Sébillet, *Art poétique français* (1548), éd. Fr. Goyet, *Traités de poétique et de rhétorique de la Renaissance*, Paris, Librairie générale française, 1990.

d'« ordre des vocables », il ne s'agit donc que du « choix » que le mot doublonne, et il n'y est finalement question que d'*aptum*. Mal et peu décrits, les phénomènes d'inversion, de déplacement, de chevillage sont pourtant les meilleurs ambassadeurs de la tension à l'œuvre entre l'ordre rationnant et un (désir de) désordre syntaxique.

Examinons le cas d'une cause efficiente : le *furor*, désordre éthique et thématique s'il en est, qui touche aux affects extrêmes. Il « motive », comme disaient les stylisticiens du siècle dernier, des transgressions formelles censées le mimer, ou l'incarner, et le théâtre en fournit les exemples les plus systématiques, en même temps qu'un lieu d'expérimentation totale pour les versificateurs des années 1550.

Les exclamations de l'*Abraham sacrifiant* de Bèze sont restées célèbres : il module la même interjection sur plusieurs syllabes et laisse hésiter – n'était bien sûr la *ratio metrica* – le lecteur moderne entre sa répétition et leur allongement :

ABRAHAM

A, a, a, a.

ISAAC

Las, je vous obtempère.

[...]

ABRAHAM

Fut-il jamais pitié ? A, a, je meurs,
Je meurs, mon fils.

ISAAC

Ostez toutes ces peurs[19].

De telles saccades se trouvent chez Jodelle dans les mêmes années 1550, tout spécialement au troisième acte de *Didon se sacrifiant*.

Si l'apposition et l'itération contribuent à une rhétorique encore linéaire, y compris pour dire le trouble, par exemple chez Didon à l'ouverture de l'acte :

DIDON

Foible, palle, sans cœur, sans raison, sans haleine,
Anne mon cher support, maugré moy je me traine

19 Th. de Bèze, *Abraham sacrifiant* (1550), éd. P. de Capitani, dans E. Balmas (dir.), *op. cit.*, p. 51, v. 930 et 933-934.

De rechef çà et là, mal apprise à souffrir
Un repos qui me vient l'impatience offrir[20].

Bien vite néanmoins, le désordre de la passion donne prétexte à des redoublements syntaxiques parasites, transposant ceux de l'oralité comique du siècle précédent. En voici pêle-mêle, quelques exemples limitrophes :

DIDON
Entron je ché je ché entron (v. 953)

DIDON
Tu verras tu verras l'estat où un trompeur
A fait estre le corps et l'ame de ta sœur. (v. 1095)

DIDON
Je sens, Anne ma sœur, *je sens*, veu la racine
Que mon mal incurable a pris dans ma poitrine (v. 1120)

ANNE
Il faut suivre, il faut suivre…

DIDON
Helas ! las quelle feinte ? (v. 1185)

Quelques vers après les derniers, le contraste est même assez net entre ces deux régimes antagonistes, de l'amplitude rhétorique et du carambolage désordonné de l'épizeuxe[21] :

DIDON
Anne mon seul espoir, *Anne* qui mieux apprise,
Peux tirer des enfers ta pauvre sœur Elise,
Fay fay moy, pour tout bien, le vaincre en un seul poinct,
Dont le plus ennemi ne m'esconduiroit point[22].

On voit enfin converger, vingt vers plus loin, plusieurs de ces procédés (apostrophe et impératifs redondants), avec une altération à la linéarité d'un autre type :

---

20 E. Jodelle, *Didon se sacrifiant* (c. 1553), éd. J.-Cl. Ternaux, Paris, H. Champion, p. 75, v. 1085-1088.

21 A. Fouquelin en fait la première figure de « nombre » dans sa *Rhétorique françoise*.

22 E. Jodelle, *Didon…*, *éd. citée*, p. 78, v. 1193-1196.

DIDON
Va *ma sœur* et *luy dy, dy luy, ma sœur,* qu'helas
Miserable Didon, *de ceux* je ne suis pas
Qui *pour les fils d'Atree en Aulide* jurerent
La ruine Troyenne, et *leur force* y menerent[23].

Le « mode interjectif », pour ainsi dire, qui fonde le bégaiement et la symétrie, est associé aux « transpositions » d'usage dans la langue poétique, consistant à antéposer des régimes prépositionnels ou, plus rarement, directs, à leur tête le plus souvent verbale. En d'autres termes, à différer dans l'espace et l'ordre de la « ligne » (phrastique et métrique) le pivot verbal censé organiser la distribution des constituants syntaxiques. L'ordre des mots n'y est plus canonique, et la répétition du phénomène confine, d'un point de vue stylistique, au désordre.

Avant d'en venir plus précisément au désordre ordonné voire *ordonnant* – faudrait-il dire *ordinateur* ? – de ces transpositions, finissons-en avec l'interjection, dont le nom même signale le caractère d'effraction du phénomène. Dans un article intitulé « Ordre et désordre dans les *Odes* de Ronsard », Nathalie Dauvois commente la tension qui se fait jour dans l'imitation de Pindare vers ce que Boileau allait appeler un « beau désordre » :

> Ce qui « brouille les vers » [selon Laumonier] de Pindare aussi bien que de Ronsard, c'est moins en effet, le plus souvent, l'obscurité de l'expression, que les effets de rupture syntaxique, d'ellipse, les mouvements et revirements brusques de la phrase[24].

Le procédé est poussé jusqu'au délitement de l'architecture métrique, lorsqu'en hommage au même Jodelle, Ronsard et Baïf donnent au « Dithyrambe [de la pompe du bouc] », pour refrain furieux, une séquence interjective : (nous donnons son mètre en face de chaque vers)

Tout ravy d'esprit je *forcene,*	8
Une nouvelle *fureur* me mène	9
D'un saut de course dans les bois,	8

23 *Ibid.*, p. 79, v. 1215-1218 ; nous marquons par l'italique les segments répétés ou transposés.

24 N. Dauvois, « Ordre et désordre dans les *Odes* de Ronsard : l'élan et la règle », dans G. A. Pérouse et Fr. Goyet (dir.), *Ordre et Désordre dans la civilisation de la Renaissance*, Presses universitaires de Saint-Étienne, 1996, p. 285-294, ici p. 288.

Iach iach, j'oy la voix	5[25]
Des plus vineuses Thyades,	7
Je vois les folles Menades	7
Dans les antres trepigner,	7
Et de serpens se peigner.	7
Iach, ïach, Evoé !	5
Evoé, ïach ïach !	5
Je les oy,	3
Je les voy	3
Comme au travers d'une nue,	7
D'une cadence menue,	7
Sans ordre ny sans compas,	7
Lesser chanceler leur pas[26]	7

Dans cette pièce aux mètres divers (et plutôt rares), l'interjection est tout un symbole : le bousculement se veut pure évocation, appelant au barbarisme noble, à moitié divin, à moitié bestial, que Marie-Luce Demonet avait décrit pour les « paroles gelées » plus hébraïsantes du *Quart Livre*[27]. La cadence serait dépourvue d'« ordre » et de « compas », suivant une locution proche de « sans rime ni raison », qui se trouvait déjà dans le « Blason du Pied » de Sagon et valait alors, pour la double entente, littérale et métapoétique, du mot « pied », comme une définition de la régularité métrique :

> Pied mesuré, pied reglé en son pas.
> Pied qui suit l'autre *en ordre et par compas*[28].

Chez Ronsard, le *furor* se fait délire bachique mais réside surtout dans le cri inséré. Il lui donne un écho plus normalisé dans « l'Hinne

25 Le point serait discutable, mais nous optons ici pour monopthonguer « *ïach* » en synérèse, sur la jurisprudence des alexandrins de Ronsard dans « L'Hinne de Bacus », *Meslanges de 1555*, éd. P. Laumonier, Paris, Société des textes français modernes, 1914-1946, t. VI, p. 180, v. 83 : « *Evan, Iach, Evoé, tu n'as guieres esté / Depuis qu'elle mourut dans le bers alaité* » ; et p. 183, v. 148 : « *Des baleurs qui chantoient Evan, Iach, Evoé* ». La note de P. Laumonier (éd. citée, t. V, note 1, p. 54) signale la transcription (en diphtongue) de Ἴακχος, « nom mystique de Bacchus ».

26 P. de Ronsard, « Dithyrambe [de la pompe du bouc] », *Livret de Folastries* (1553), éd. citée, t. V, p. 53-54, v. 1-16.

27 Voir M.-L. Demonet, *Les Voix du signe. Nature et origine du langage à la Renaissance (1480-1580)*, Paris, H. Champion, 1992, notamment chap. II, 3 : « Barbarie, onomatopées et "paroles gelées" », p. 376-384.

28 Fr. Sagon, « Blason du Pied » (1534), éd. citée, p. 48, v. 39-40.

de Bacus » des *Meslanges* de 1555, lorsqu'il est ramené à l'ordre de vers isométriques pour dire la même crise furieuse :

> *Evoé*! je *forcène*, ah ! je sens ma poitrine
> Pleine plus que devant de ta *fureur* divine[29].

Si le désordre de surface est plus discret, celui de l'*ethos* est ici servi par le chevillage plus ordonnant de ces insertions interjectives. Cette paradoxale mise au pas tend déjà au « beau désordre » dont Boileau devait faire un principe arcadien de la poésie. Il fait ici référence à l'ode :

> Son style impétueux souvent marche *au hasard* :
> Chez elle un beau désordre est *un effet de l'art*[30].

Boileau salue ainsi le trompe-l'œil et distingue l'apparence désordonnée du style ou de la technique qui l'autorise. Lorsqu'au même chant II de l'« art poétique », il assassine « Ronsard sur ses pipeaux rustiques », on notera qu'il pille plus discrètement Du Bellay :

> Et les Nymphes, d'effroi, se cachent sous les eaux[31]

imitant en bien des points le célèbre explicit qui ferait aisément figure de mètre-étalon du « beau désordre » ordonnant au seizième siècle :

> Et les Muses, de moy, comme estranges s'enfuyent[32].

L'emprunt est un déplacement : « de moy » était chez Du Bellay métaposé à la gauche de son incidence verbale, alors que « d'effroi » a la mobilité légitime du circonstant : chez Boileau, l'insertion suspensive est « motivée », si l'on veut, mais toutefois limitée en termes d'infraction topologique, quand Du Bellay insérait au milieu du couple sujet-verbe les deux mesures complètes de deux syntagmes dépendant du verbe ainsi retardé. La brièveté de la surprise pour le classique, l'éloignement

---

29 P. de Ronsard, « Hinne de Bacus », *Meslanges de 1555*, éd. citée, t. VI, p. 185, v. 181-182.

30 N. Boileau-Despréaux, « Art poétique [chant II] », éd. G. Mongrédien, Paris, Garnier, 1961, p. 167, v. 71-72.

31 *Ibid.*, p. 166, v. 16.

32 J. Du Bellay, « [Sonnet] VI », *Regretz* (1558), éd. D. Aris et Fr. Joukovsky, *Œuvres poétiques complètes*, Paris, Classiques Garnier, 2009 [1993], t. II, p. 42, v. 14.

« *estran*[*geant*] » pour son prédécesseur, apparaissent comme les effets poétiques de deux stratégies d'un désordre retenu ou calculé.

Bien loin du débordement dionysiaque, Du Bellay dit ici précisément la perte de l'inspiration qui, sans doute, le laisse, par conséquent, seul avec l'art.

De la technique, l'interjection n'est qu'une manifestation assez grossière et la linéarité du vers, on l'a vu, peut être heurtée par des infractions plus subtiles : inversions, transpositions, enjambements contreviennent à sa marche ordinaire.

L'angle sous lequel nous voulons brièvement les évoquer nous est soufflé par une tradition imprécise, qui remonte aux poètes eux-mêmes, autour de la *licence poétique*. Si la notion est instable, deux constantes se dégagent qui la caractérisent : des facilités lexicales de type formulaire et des altérations à la linéarité ; elles visent soit à caler le vers à la rime, soit à le caler dans son nombre (sa *raison*). C'est l'idée qui prévaut encore chez le linguiste Ferdinand Brunot, qui considère la langue poétique elle-même comme un simple écart conservateur de la langue ordinaire :

> À vrai dire, on se *licencia* encore longtemps de *ranger les mots* suivant la commodité du vers, mais en général la langue prit des habitudes plus régulières, et la « transposition » commença, en prose au moins, à devenir quelque chose, sinon de choquant, du moins d'exceptionnel[33].

Donnant la liste de ce à quoi les traités avaient réservé le nom de « vices d'*elocutio* », Brunot retient ainsi tour à tour la postposition du sujet, l'antéposition des régimes, celle des épithètes aux noms, celle des adverbes aux verbes.

Des licences syntaxiques possibles au seizième siècle, le désordre que depuis l'étude fondatrice de Mitsou Ronat on appelle « métaposition[34] » est le plus pérenne. Ce pilier de « l'alexandrin classique » consiste en la transposition d'un groupe prépositionnel, à la gauche de son point d'incidence. Pour admettre la banalité du procédé dans le premier seizième siècle, il n'est que d'ouvrir l'anthologie de 1542, *La Fleur de Poésie françoyse*, à son premier *incipit* :

---

33 F. Brunot, *Histoire de la Langue française des origines à 1900, II. Le Seizième Siècle*, Paris, Armand Colin, 1905, p. 479-483, ici p. 479.

34 M. Ronat, « Métrico-phono-syntaxe : le vers français alexandrin », *Cahiers de Poétique comparée*, vol. II, n° 2, 1975, p. 47-92.

Doulce mémoire en plaisir consumée[35]

ou d'aller jusqu'au second du *Petit Œuvre d'amour et Gaige d'amytié* de 1537 :

Comme on couvrist d'Agamemnon la face[36]

Ce phénomène massif est indéniablement perceptible comme un marqueur de *poéticité* (au sens de la spécificité poétique) des plus classiques[37], mais M. Ronat démontre qu'il ne relève en rien de la licence stylistique et que ces inversions ont vocation à renforcer la césure de l'alexandrin, dont elles sont un solide appui « métrico-phono-syntaxique ». La frontière symbolique et rythmique entre les deux membres du vers s'en trouve surdéterminée par une suspension syntaxique, qui fait de ce que l'on pourrait appeler un *désordrement* syntaxique (au regard de ce que serait la norme de la prose, chère à Brunot) une confirmation de l'*ordre* métrique.

Reprenons ces vers de *Didon* :

DIDON
Va *ma sœur* et *luy dy*, + *dy luy*, *ma sœur*, qu'helas
Miserable Didon, + [*de ceux*] je ne suis pas _
Qui [*pour les fils d'Atree*] + [*en Aulide*] jurerent _ _
La ruine Troyenne, + et [leur force] y menerent[38] _.

La répétition du premier vers, strictement chiasmatique, est savamment agencée, non plus seulement pour cheviller le vers, mais bien pour le construire : quel que soit son rôle thématique ou énonciatif, elle dispose

35 Anonyme, « Huictain », *La Fleur de poésie françoyse* (1542), éd. A. van Bever, Paris, Sansot, 1909, p. 12.

36 Anonyme, « Dixain à l'abbé de l'Esterpt », *Le Petit Œuvre d'amour, et Gaige d'amytié* (1537), éd. Fr. Lachèvre, Paris, Librairie Margraff, 1941, p. 13.

37 Le corpus classique au sens large en est rempli, jusqu'au dix-neuvième siècle. Voir sur la question dans Racine et Chénier les études de J.-Fr. Jeandillou, « "Est-ce que de Baal le zèle vous transporte ? Aspects de la métaposition dans l'alexandrin classique », *Poétique*, 145, 2006, p. 83-97 et « "L'art des transports de l'âme est un faible interprète". La métaposition dans les *Élégies* de Chénier », *L'Information grammaticale*, 107, 2005, p. 48-52.

38 E. Jodelle, *Didon*…, éd. citée, p. 79, v. 1215-1218 ; nous marquons par des « + » la césure qui distribue la transposition des segments entre crochets et indiquons par des « _ » leur emplacement virtuel dans l'ordre linéaire : l'effet de la métaposition est double, ouvrant une suspension où une tête verbale ou nominale était attendue pour ne la fermer qu'à sa réalisation.

en miroir trois syntagmes certes « phatiques », mais encore protatiques : l'apprenti dramaturge mesure ici l'élan ou le souffle nécessaires au cœur d'une tirade pour ouvrir le morceau de bravoure d'une période aussi calibrée. Les trois vers suivants, en effet, voient à leur tour cette césure marquée par la disposition des groupes prépositionnels ; l'*actio* doit y trouver le profit paradoxal de segments plus brefs, mais mieux chaînés. Le dernier cas touche à la transposition de l'objet, moins suspensive (après la conjonction, on peut d'abord aussi bien lire ce nouveau syntagme nominal comme un possible sujet), et décale la suspension un peu après la césure en ménageant un dernier effet de clausule.

La part de motivation du phénomène – la licence furieuse – est bien faible au regard du travail des équilibres, et le déplacement « affectivement » plus banal des précédents exemples le souligne : la métaposition, comme le postulait M. Ronat, relève bien davantage d'une exhibition de la *ratio poetica*, que d'une licence désordonnée. Si elle s'accommode volontiers, dans cet exemple de Des Masures, d'une répétition plus ordinaire ou de l'insertion d'une incidente qui ponctuent le vers et y tracent un timide bégaiement :

> *Il faut* des Philisthins animer l'exercite :
> *Il faut* que [Goliath] + [de ma fureur] j'excite _ :
> *Il faut (si je le puis)* faire viande aux chiens
> Israel, et sur tout ce David et les siens.
> *Sus,* ma rage, où es-tu ? *Sus, sus, de bas en haut,*
> *Sus, sus, de haut en bas* + [tout renverser] il faut[39]_.

On observe encore combien ce qui relève de l'infraction à l'ordre linéaire le renforce en définitive.

Ainsi, lorsque Boileau déclare avec mépris et distance que les ressorts ostensibles de cette poésie « gothique », de l'autre côté de 1600, n'attendent qu'une mise en ordre classique, feint-il de condamner à la fois un désordre formel et un débordement thématique, pour mieux valoriser l'*aptum* et le cordeau du goût nouveau. Mais pour ce qui est de la forme, la régularisation spécifique de la langue versifiée est déjà bien amorcée au siècle précédent. L'amalgame qu'il cultive renforce

39 L. Des Masures, *David combattant* (1566), éd. Ch. Comte, Paris, Société des textes français modernes, 1907, p. 50, v. 863-868.

artificiellement une rupture entre un âge d'expérimentation et un âge de sédimentation. En célébrant un « beau désordre » qui *résulterait* de l'art, Boileau reconnaît, sous le masque d'une évidente mauvaise foi, le travail préparatoire de la poésie préclassique, y compris marotique, autant que la force paradoxalement syntacticienne et métricienne d'une *apparence* de désordre.

Pour conclure avec un brin de provocation emprunté à Lacan, nous poserions volontiers qu'« il n'y a pas de rapport poétique » à même d'autoriser la confusion des ordres de la ligne et du plan, pour peu que l'on résiste au fantasme publicitaire de leur intersection dans ce qu'on a appelé un jour « l'alchimie du verbe » et vers quoi aura tardivement glissé, à l'heure des grandes affectivités énonciatives[40], une plus grande porosité des procédés formels et organisationnels.

Pour l'époque qui nous occupe ici, et en dépit de certaines curiosités très circonscrites dans l'expérience poétique, la *ratio* syntaxique (c'est-à-dire topologique et arithmétique) exerce apparemment un primat qui systématise, et par là-même inverse, les manifestations du désordre.

Il en ressort, sans attendre Boileau, qu'au seizième siècle le désordre – même et presque *surtout* le désordre – dans l'écriture poétique, est l'instrument d'une mise en ordre.

David Moucaud
Doctorant, Université Paris III
Sorbonne-Nouvelle

40 Nous avons cherché à en explorer une partie dans le syncrétisme poétique à l'œuvre, sous le signe d'un possible « style d'époque », dans une récente communication à paraître : D. Moucaud, « La décennie sapphique des poétesses de 1900 : enquête sur un "style d'époque" », dans W. Prin-Conti (dir.), *Femmes-poètes de la belle-époque : quel héritage ?*, Paris, H. Champion.

ORDRE ET DÉSORDRE DANS LES *INSTITUTES COUSTUMIÈRES*[1] D'ANTOINE LOISEL

INTRODUCTION

Antoine Loisel a mis quarante ans pour mettre en ordre les 805[2] « règles, sentences et proverbes[3] » qui composent les *Institutes coutstumières* publiées en 1607 ; c'est presque un demi-siècle pour réduire une matière riche et inextricable (« en tant de ramas confus et incertain[4] », dit l'auteur dans sa préface) et forger des dictons. C'est à la fois un travail méticuleux et l'œuvre d'un lettré en quête de simplicité et de clarté pour constituer un droit français basé sur les coutumes de son pays. Le genre littéraire qu'il utilise est peut-être plus ancien et celui qui, sans aucun doute, est universel, à savoir : la maxime. Du reste, cette forme est déjà la recherche d'un ordre. Ce choix littéraire de la maxime par Loisel ne consiste pas seulement, comme il l'affirme modestement, à mettre de l'ordre dans un ensemble touffu d'us et coutumes ; il est aussi un parti-pris idéologique puisqu'il s'agit d'organiser toute la société au moyen de maximes juridiques. C'est-à-dire que l'auteur montre un véritable engagement politique en se donnant un objectif concret susceptible d'améliorer la société ; il souhaite enclencher un processus qui

1 Notre édition de référence est celle de Michel Reulos, aux éditions Sirey, 1935.

2 La première édition comporte 805 règles mais ce nombre augmentera au gré des éditions postérieures. Nous y reviendrons plus tard dans cette étude.

3 Ces trois termes pour qualifier la forme choisie par Loisel sont dans le titre de son œuvre ; il faudra s'interroger sur la présence de ces trois mots distincts et sur la définition de chacun d'eux. Comment l'auteur différencie-t-il chacune de ces notions ?

4 Antoine Loisel, *Institutes coustumières ou Manuel de plusieurs et diverses règles, sentences et proverbes tant anciens que modernes, du droit coutumier et plus ordinaire de la France*, avec les notes et observations de Paul Challine, Paris, éd. Henry Le Gras, 1656, préface p. VII.

contribuerait à la création d'un ordre social dans un contexte historique perturbé. Il recherche une société plus juste, plus humaine, basée sur le droit et la raison. Au XVIe siècle, outre les troubles politico-religieux, il y a encore une société archaïque où règne l'inégalité. Cet ouvrage a pour but de créer une société de droit. Il a l'ambition de mettre fin à la confusion antérieure qui régnait dans les usages et d'établir un Royaume unifié où le droit, tiré des coutumes, l'emporte sur l'incohérence des particularismes locaux. Ainsi il sera intéressant de se demander en quoi cette œuvre naît de la ferme volonté d'une recherche d'ordre et de stabilité dans un univers socio-politique troublé.

La rédaction même des *Institutes coustumières* participe d'une construction méthodique de l'idée de la France ; l'organisation de l'ouvrage ainsi que son écriture sont déjà l'expression de l'ambition d'installer un ordre juridique et social garant de la paix civile.

L'ÉCRITURE DES *INSTITUTES COUSTUMIÈRES*

Nous allons nous intéresser dans cette partie à tout ce qui, dans la rédaction de ce livre, suggère l'idée d'un ordre à mettre en place.

LA STRUCTURE DES *INSTITUTES COUSTUMIÈRES*

Il y a en tout six livres ; chacun est composé d'un nombre variable de chapitres (5, 6 ou 7) appelés « titres » ; chaque chapitre a un titre particulier et comporte un certain nombre de « règles, sentences et proverbes » pour reprendre les termes du sous-titre de l'ouvrage de Loisel. On remarque que le juriste n'a pas jugé bon de donner un titre à chacun de ces six livres.

Dans le livre I, Loisel aborde surtout le thème des liens familiaux dans un cadre juridique. Le livre II traite la question de la propriété et de la succession. Le livre III aborde les règles qui régissent les relations économiques, y compris au sein du couple marié. On peut dire que ce livre parle des obligations. Le livre IV est consacré à la perception des droits sur les biens fonciers. Il s'agit du droit féodal. Dans le livre V, il est question des actions en justice. Et enfin, le livre VI aborde les règles du droit pénal.

On peut d'ores et déjà remarquer que le classement thématique des six livres est rigoureux. La volonté d'ordonner les coutumes est manifeste. Loisel semble vouloir circonscrire toute la sphère juridique de la société en énonçant les droits et les devoirs de tous les habitants.

Il est notable que les *Institutes coustumieres* de Loisel ne comportent aucune note : il n'y a ni références ni indications de sources, bien qu'elles soient effectivement très nombreuses, comme si l'auteur avait voulu faire exister son œuvre par elle-même sans la rattacher de manière explicite à tel ou tel autre document préexistant. Elle n'a pas à être affidée à ses sources puisqu'elle est autonome et a pour objectif de fonder un droit coutumier enfin unifié. Embarrasser le texte de notes irait contre l'idée de son auteur qui souhaite avant tout créer de manière homogène et claire les bases juridiques du royaume à partir des coutumes françaises différentes d'une région à l'autre. L'absence de notes met le texte juridique à l'honneur : l'éclairage est mis sur les règles et non sur un fatras de notes qui risquerait de les occulter. L'autorité vient de la loi elle-même et non des références qui viendraient servir de garantes à celle-ci. Ainsi la coutume acquiert force de loi. De même, on ne trouve aucun commentaire. C'est toujours au nom de la clarté et de la cohérence que Loisel se refuse à la rédaction de commentaires qui viendraient parasiter des lois qui *in fine* se suffisent à elles-mêmes et n'ont aucunement besoin d'être soutenues par un texte explicatif ou réflexif. L'impression d'ordre vient aussi de cette absence de remarques ou réflexions sur les lois énoncées. L'architecture générale gagne en solidité et en cohésion.

Disons d'emblée que le plan des *Institutes coustumières* de Loisel suit globalement celui des *Institutes* de Justinien, datant de 533 ; néanmoins il ajoute le libre IV consacré au droit féodal et le livre VI qui présente le droit pénal. Rappelons que cet ouvrage romain est le troisième volet du *Corpus juris civilis* (corpus de droit civil) qui en comporte quatre en tout. Cette partie est un manuel destiné aux étudiants pour apprendre le droit romain. Il faut préciser que la structure des *Institutes* de Justinien reprend en grande partie celle des *Institutes* de Gaïus datant du milieu du IIe siècle. Concernant la composition de ces deux ouvrages didactiques latins, on a affaire à une quadripartition où sont traités successivement les personnes, les biens, les obligations et les actions en justice. Loisel pérennise donc une structure que Gaïus a initiée et qui, depuis des siècles, s'est imposée comme un modèle aux écrivains du droit en raison de sa cohérence et de sa logique.

La rigueur et la simplicité du plan de Gaïus participent du projet didactique de l'auteur : il faut faciliter l'enseignement du droit chez les étudiants afin d'enraciner celui-ci plus solidement dans la société. L'idée de la transmission est donc au cœur de la méthodologie adoptée par Gaïus ; Loisel est l'héritier de cela parce qu'il est lui aussi conscient que toute civilisation digne de ce nom repose sur des bases juridiques solides, que le droit est le ciment de la cité.

Il faut bien insister ici sur l'originalité de Loisel : il classe les coutumes sans suivre le plan inhérent à ce genre d'ouvrage. Par exemple, Beaumanoir[5] divise son livre sur les coutumes en soixante-dix chapitres. Dans son prologue, il présente sa table des matières comme une commodité offerte au lecteur invité à circuler facilement dans l'ouvrage. Certes, tout est classé mais il n'y a pas d'architecture globale ; le nombre important des chapitres en est d'ailleurs la preuve. À la différence des autres rédacteurs de coutumiers, Loisel ne cherche pas à rassembler les coutumes d'une région mais a une ambition plus vaste : ses *Institutes coustumières*, de par leur appellation même, se présentent comme le grand coutumier du royaume de France tout entier ; certes celui-ci s'appuie sur les différentes coutumes du pays mais il reconstitue en quelque sorte une essence du droit français qui a été morcelé, éparpillé, voire dénaturé à travers les diverses coutumes régionales.

UNE ÉCRITURE DE LA BRIÈVETÉ : ÉTUDE DU SOUS-TITRE

Le sous-titre du livre de Loisel comporte la mention de différentes appellations dont le point commun est d'appartenir à l'écriture brève : *Institutes coustumières ou Manuel de plusieurs et diverses Reigles, Sentences et Proverbes, tant anciens que modernes, du Droit Coustumier et plus ordinaire de la France.* Il est intéressant de noter les trois formes énoncées dans ce sous-titre : « règle, sentences et proverbes ».

Dans le *Thrésor de la langue française* (1606), contemporain de la publication de l'ouvrage de Loisel, le mot « reigle » est présenté comme un synonyme de *norma*, la norme, et aussi de *lex*, la loi.

> *Reigle de vivre*, Modus viuendi, Norma, Formula, Lex Præscriptio, Præceptum, Ratio [...]
> *Une reigle, un but qui ne se doit point trespasser*, Præscriptio.

---

5 Auteur des *Coutumes de Beauvaisis* en 1283.

La dernière traduction donnée est très intéressante : la règle y est définie comme une limite à ne pas dépasser. La règle est donc normative et circonscrit l'espace légal. Le *Dictionnaire de l'Académie française* (1694) propose les explications suivantes :

> Précepte, enseignement de ce qu'il faut faire ou dire, pour parvenir à quelque chose. [...] Il signifie aussi quelquefois coutume, usage. *On en use ainsi en pareille rencontre, c'est la règle. Cette procédure est selon les règles, dans les règles.*

Ici on trouve l'idée que la règle émane de l'usage, c'est-à-dire de l'épreuve du temps et de l'expérience humaine. Autrement dit, la règle n'est pas arbitraire mais s'appuie sur la nécessité du vivre ensemble des hommes ; dès que ceux-ci constituent une société, les coutumes se mettent en place et finissent par établir un système de règles qui régissent l'ordre social. En ce sens l'ouvrage de Loisel se présente comme la réalisation pleine et entière du projet sous-jacent de toute coutume, à savoir la mise en place d'un ordre dans les relations humaines.

Le deuxième terme de l'énumération est *Sentences* ; ici, Loisel semble se référer au sens étymologique du mot : « dit mémorable, apophtegme, maxime qui renferme un grand sens, une belle moralité » (*Dictionnaire de l'Académie*). En effet, comme il l'associe aux termes *Reigles* et *Proverbes*, le mot *Sentences* ne peut avoir la signification exclusive de « jugement » que lui donne Jean Nicot à travers toutes les traductions latines qu'il donne dans son *Thrésor de la langue française*. La sentence du droit coutumier est une parole très brève facile à mémoriser et destinée à réguler une communauté donnée.

> La coutume existe dans la pratique et dans la conscience collective et elle se transmet d'une génération à l'autre. Par contre la transmission de la coutume juridique, ou du droit coutumier, se fait sous des formes différentes, c'est la règle, le proverbe, la sentence[6].

L'écriture lapidaire de ces trois formes a pour objet de circonscrire le droit des individus dans une société déterminée. Les règles, proverbes et sentences du droit coutumier ont bien pour vocation de mettre de l'ordre dans les comportements afin de faciliter les relations humaines, condition *sine qua non* pour Loisel de la paix sociale. La contrainte que

6 N. F. Pavkovic, « La coutume juridique dans les pays yougoslaves » in *La Coutume, IIIe partie – Europe orientale, Asie, Islam*, Recueils de la Société Jean Bodin pour l'histoire comparative des institutions, LIII, de Bœck Université, Bruxelles, 1992, p. 172.

ces trois énoncés supposent a donc un but louable : l'ordre qu'on tente alors de mettre en place n'est pas arbitraire puisqu'il tend à faire régner le droit destiné à s'appliquer invariablement à tous.

Concernant le mot *Proverbes* présent dans le sous-titre, on trouve la définition « Espèce de sentence, de maxime, exprimée en peu de mots, et devenue commune et vulgaire[7] » ; on remarque ici la synonymie entre *sentence* et *proverbe* avec la mention particulière du caractère « commun et vulgaire » pour ce dernier. Le proverbe est donc une courte maxime populaire, une sentence d'usage commun. L'ouvrage de Loisel se présente aussi comme le recueil d'une forme de sagesse populaire forgée dans des moules formels destinés à en faciliter la compréhension et la mémorisation. Le proverbe a donc bien pour fonction d'organiser rigoureusement une communauté. Il exprime la bonne façon d'être et de se comporter. Il règle les rapports entre les individus. Il est une fabrique d'ordre au même titre que la règle et la sentence.

Ainsi la brièveté des règles, sentences et proverbes assure l'efficacité et la permanence du droit issu des coutumes. En mettant ces textes courts par écrit, Loisel passe une étape essentielle : il reconnaît officiellement la légitimité de ce droit purement français et lui donne une portée équivalente au droit romain. Il donne une base solide au droit français et lui assure une pérennité certaine. L'oralité vivante de la coutume juridique est exploitée au profit d'une culture écrite du droit. Ainsi, dans ce passage de l'oral à l'écrit, les *Institutes coustumières* se veulent comme le fondement des lois du Royaume de France. L'écrit est la garantie d'un ordre juridique enfin fixé, il évite la cacophonie et par conséquent la confusion des coutumes diverses.

Loisel, ce juriste humaniste qui a été l'élève de Cujas, a le projet d'unifier le droit français de deux manières : d'abord il s'émancipe du droit romain et du droit de l'Église, ensuite il tâche d'harmoniser le droit coutumier français en dépassant la confusion apparente de la multiplicité des coutumes juridiques d'une région à l'autre. Il s'agit de poser une identité d'une part en s'opposant à ce qui n'émane pas directement d'un territoire, à savoir la France, et d'autre part en cherchant une unité dans un ensemble hétérogène et confus[8] ; ce faisant, Loisel participe à l'unification politique du Royaume français.

7 *Dictionnaire de l'Académie* (1694).

8 Dans sa préface, Loisel écrit à ce propos : « [...] j'ai pris peine et plaisir [...] de remarquer en nos coutumes et en nos usages, ce qui avait apparence de Règle, ou de sentence : et en

LE MATÉRIEL LINGUISTIQUE CRÉE DE L'ORDRE

Le XVIe siècle est le siècle des débuts de la réglementation de la langue française : on cherche à l'émonder, à l'ordonner, à fixer des règles, on commence à élaborer des grammaires et des dictionnaires. Il faut la préférer au latin tout en ayant le souci de la rendre plus stable et réglée. Pareillement Loisel cherche à mettre au point un coutumier spécifiquement français tout en tâchant d'être clair et rigoureux, en employant une langue précise et ciselée, efficace et simple.

Les outils de la langue servent à ordonner la pensée juridique et facilitent l'apprentissage : les *Institutes coustumières*, rappelons-le, sont présentées par leur auteur comme un manuel d'enseignement du droit coutumier français.

Chaque livre contient des chapitres qui sont comme autant de tiroirs de rangement pour les coutumes. Le vocabulaire utilisé crée une unité, un ordre dans chacun de ces chapitres. Prenons l'exemple du chapitre IV du livre III intitulé « De vente ». Le champ lexical de la vente lie toutes les coutumes de cette section entre elles : « acheteurs, vendeurs, bon marché, paiement, prix… » ; on relève également l'emploi récurrent des mots de la famille de « vente » : « vend, vendeurs, vendre, vendu, vent ». Les mots expriment cette volonté d'ordonner les règles juridiques. Il y a donc une cohésion, une homogénéité manifeste au sein de chaque chapitre.

La récurrence de moules syntaxiques crée aussi de l'ordre dans les *Institutes coustumières.* Une construction de phrase bien organisée est comme la garante d'un ordre juridique qui se trouve alors légitimé ; l'agencement du monde s'exprime dans l'agencement des mots. On a par exemple le modèle proposition relative sujet + groupe verbal : maxime 264 « Qui a fief, a droit de chasse », 387 « Qui vend dit le mot », 171 « Qui bail ou garde prend, quitte le rend ». On relève la construction en chiasme particulièrement spectaculaire : 721 « Le vassal ne prescrit contre son seigneur, ni le seigneur contre son vassal » ; 879 « Le mort exécute le vif : et non le vif le mort […] » ; 216 « Car tout fut à autrui et à autrui sera » ; 140 « La veuve peut contraindre l'héritier lui bailler son douaire à part, et l'héritier elle de le prendre ».

---

les assemblant peu à peu, de les ranger en meilleur ordre. […] Et qu'après tant de ramas confus et incertains, l'on ne dédaignerait pas cette simplicité d'écrire […] » (édition de M. Reulos, p. 15-16).

Les jeux sonores concourent également à l'impression d'ordre : 141 « La douairière lottit, et l'héritier choisit » : on a une assonance en [i] et une allitération en [r] ; cela se conjugue au parallélisme et à l'effet de rime en fin de proposition. 725 « Souffrance et accoutumance est déshéritance » : ici les sonorités récurrentes à la fin des trois noms créent un rythme ternaire frappant. 574 « La souffrance finie l'on peut saisir à faute de foy » : l'allitération en [f] sert à la mémorisation de cette règle et crée un effet musical.

Le rythme phrastique crée également une harmonie et un équilibre ; le rythme binaire est très fréquent : 576 « Mais l'ancien vassal ne doit que bouche et mains » ; 902 « Besoin ou nécessité n'a loi » ; 223 « On ne peut tenir rivière en garenne ou défense, s'il n'y a titre ou prescription ».

Les répétitions sont très nombreuses : 794 « Encores que nier ne soit larrecin, si est-ce de larrecin » ; 191 « Qui compte seul, compte deux fois, comme celui qui conte sans son hôte » ; 746 « Cas sur cas, ou Main sur Main, n'a point de lieu, ains se faut pourvoir par opposition ».

Ce travail précis sur la langue forge l'unité du livre ; grâce au travail littéraire, Loisel discipline une matière foisonnante.

LE PROJET POLITIQUE

La composition des *Institutes* a à voir avec l'ambition politique de Loisel ; la mise en ordre juridique et l'établissement d'un régime monarchique fort sont les deux faces d'une même pièce.

L'ÉTUDE DE LA PRÉFACE

La recherche de « quelque ordre meilleur »

Dans la préface des *Institutes coustumières*, Loisel rend hommage à son maître Cujas sans le nommer en l'appelant « notre grand maître et docteur commun du droit romain » ; il est le modèle à suivre et la méthodologie qu'il a adoptée va être imitée par Loisel qui se présente comme son disciple : ainsi que l'affirme Cujas d'après Loisel, il faut « soigneusement aviser aux règles et principes de chacune partie d'iceluy [le droit romain]. » Jacques

Cujas (1522-1590) est un jurisconsulte et professeur de droit, représentant de l'humanisme juridique français qui a donné naissance au courant du *mos gallicus* : celui-ci cherche à restituer le droit romain dans son authenticité première en se détournant de la tradition des gloses, jugées responsables de la confusion brouillant ce droit. Le travail humaniste consiste en une étude scientifique du droit romain afin de retrouver le texte originel trop souvent obscurci par des commentaires qui se superposent au fil des siècles jusqu'à se substituer au texte. Loisel applique cette méthode aux coutumes et cherche donc à mettre de l'ordre dans cette matière touffue, désordonnée et même parfois confuse.

Il s'agit pour notre auteur de considérer dans les coutumes françaises ce qui peut être appréhendé comme un système cohérent constitué de ce qu'il appelle précisément dans sa préface les « règles ou sentences » ; cette désignation « règles ou sentences » est clairement un écho du début de la phrase où il était question des « règles et principes » à mettre au jour dans le droit romain. Ainsi Loisel ne se contente pas de répertorier les coutumes françaises, il se propose de retrouver au-delà de leur profusion et de leur variété une sorte de « coutumier » premier qui fait la particularité du royaume de France. Le droit français ne doit pas s'assujettir au droit romain qui serait le droit idéal à appliquer dans toute société, mais doit s'ancrer dans les coutumes du pays afin d'obtenir légitimité et authenticité.

Précisons ici que le projet de notre auteur ressortit au dernier humanisme juridique français, celui de la fin du XVIe siècle : après avoir étudié scientifiquement le droit romain, les tenants du *mos gallicus* s'intéressent aux sources juridiques françaises et au passé national. Loisel entend établir un droit spécifiquement français et, pour cela, il se détourne du droit romain pour s'intéresser au caractère français tel qu'il apparaît dans les « coutumes et usages » de son pays. Il a alors les mêmes préoccupations qu'un Étienne Pasquier ou un Guy Coquille dont, rappelons-le, il publie l'*Institution au droit des Français* dans le même volume que ses *Institutes coustumières.*

Ce qui est frappant dans ce travail de recherche du juriste, c'est la mention de sa durée extraordinaire et symbolique « par l'espace de quarante ans, et plus » ; le nombre « quarante » est très significatif : il a une connotation biblique[9] et représente souvent le temps de l'attente,

9 Dans la Bible, le nombre quarante revient très souvent : par exemple, le déluge de Noé dure 40 jours ; les Hébreux ont erré 40 ans dans le désert, Jésus jeûna 40 jours dans le désert.

de la préparation ; il désigne aussi la durée d'une génération, le temps nécessaire pour accomplir une œuvre. L'hyperbate « et plus » montre que Loisel choisit sciemment ce nombre quarante même si son ouvrage lui a pris plus de temps. En indiquant ce nombre, il inscrit l'écriture de son œuvre dans une durée réglée qui évoque une maturation lente et sûre et par la même occasion il semble présenter son travail comme un sacerdoce : il s'est consacré à une mission essentielle, celle qui consiste à unifier le royaume de France autour de règles juridiques communes. Le temps de l'écriture s'inscrit dans une temporalité symboliquement définie. L'œuvre elle-même se veut la quête d'un ordre juridique et l'auteur fait comprendre au lecteur que son entreprise scripturale n'est pas le fruit du hasard mais participe également d'un certain ordre. En effet voici son projet : fonder en quelque sorte un code civil cohérent applicable sur tout le territoire en partant des coutumes françaises diverses. Il cherche à rendre homogène un droit coutumier qu'il juge disparate et parfois abscons. D'ailleurs, il désigne quelques lignes plus loin la matière qu'il a étudiée au moyen de l'expression péjorative « tant de ramas[10] confus et incertains. » Le *Dictionnaire de l'Académie* (1694) donne cette définition du mot « ramas » : « Assemblage de plusieurs choses ». Ces termes négatifs supposent donc un travail philologique consistant à rétablir un coutumier débarrassé des interpolations, des variantes, des transformations qui ont pu le dénaturer. En somme il veut purifier et ordonner les coutumes rendues obscures au fil du temps.

Quant au style des *Institutes*, Loisel se réclame de la « simplicité d'écrire en laquelle nous voyons les deux Scaevoles, Nerace, Caie, Papinian, Paul, Ulpian, Pompone, Martian, Rufin et autres jurisconsultes s'être employés » ; c'est un argument d'autorité qui met l'accent sur l'efficacité d'une écriture capable de mener à bien « la résolution de quelques points des plus douteux et controversés ». Loisel se met à l'abri de toute critique en se référant au travail reconnu des jurisconsultes romains prestigieux dont il se présente comme l'héritier. La simplicité du style sert à mettre en œuvre un texte clair et accessible à tous. Là encore, il est question d'ordre : en choisissant une écriture caractérisée, selon lui, par sa limpidité

10 Le *Dictionnaire de l'Académie* (1694) donne cette définition du mot « ramas » : « Assemblage de plusieurs choses. » Ce n'est que plus tard qu'il prendra un sens véritablement négatif : ainsi dans l'édition de 1762, on a la définition : « Il n'a guère d'usage qu'en parlant de l'amas, de l'assemblage de choses qu'on regarde comme étant de peu de considération. »

et sa netteté, Loisel veut clarifier les coutumes, les mettre en pleine lumière et lutter contre l'ombre qui les soustrait à notre entendement.

Faisons maintenant un bilan de cette liste de noms mis à l'honneur par Loisel. Tous les auteurs cités ont un talent particulier, celui de rendre compte des connaissances de leur discipline, le droit, dans un style clair et efficace. D'ailleurs, c'est bien cette écriture qui leur a permis de traverser les siècles. Notons aussi que le souci pédagogique de transmettre leur savoir les a souvent amenés à rédiger des livres d'enseignement intelligibles pour le plus grand nombre. Leur but est que leur science s'incarne dans le corps social, qu'elle soit enseignée et appliquée. L'écriture n'est pas accessoire mais elle est la condition même de l'expression juste et précise du droit ; autrement dit, le verbe ordonné et rigoureux donne au droit sa légitimité et sa solidité ; il ne peut y avoir de droit en dehors de ce choix rhétorique revendiqué. Pour Loisel, il y a bien un style juridique qu'il veut employer à l'instar de ses prestigieux prédécesseurs. Son livre se présente comme une base solide sur laquelle une société structurée juridiquement peut s'ériger. Dans cette société, chacun a sa place, ses droits et ses obligations ; elle est strictement hiérarchisée avec le roi au sommet : chaque habitant du royaume est classé selon son métier, sa situation familiale, sa condition sociale.

« Une seule loi, coutume, poids et mesure sous l'autorité de sa Majesté »

Alors que, dans sa préface, l'auteur a indiqué le « double profit » qu'il espère tirer de son livre (premier profit : Loisel veut être compris des juristes et des profanes ; deuxième profit : il souhaite être imité dans sa démarche par d'autres « savants » susceptibles de « recueillir » comme lui d'autres coutumes françaises), soudain, au détour d'une phrase, voilà qu'il en mentionne « un troisième qui surpasserait de beaucoup les deux autres » ; Loisel a donc gardé pour la fin l'ambition la plus importante qu'il a concernant son livre, mais en même temps il semble l'évoquer avec modestie, en dernier et sans l'avoir annoncée dès le départ : « et par aventure en adviendrait-il un troisième (…) » ; il met sur le compte du hasard un des objectifs qui lui tient cependant le plus à cœur. Il espère en effet que son ouvrage aboutira à l'unification juridique du Royaume de France : on est encore dans l'optique d'un ordonnancement ; il insiste sur cette idée fondamentale d'une législation commune en jouant sur les énumérations et en pesant sur les mots qu'il emploie : « réduire à la conformité, raison, et équité d'une seule loi, coutume, poids et mesure sous l'autorité de sa M. ». On dirait une devise portant hautement les valeurs de ce royaume à venir. La mention du « poids » et de la « mesure » suggère que le monopole métrologique seigneurial est cause de désordre et que seul le roi, en imposant un étalon, peut ramener l'harmonie. C'est presque une formule figée tant les revendications à ce sujet étaient fréquentes à l'époque. D'ailleurs Claude-Joseph de Ferrière, dans son *Dictionnaire de droit et de pratique*, présente bien ce qu'il considère comme une grave anomalie encore à son époque qui est bien postérieure à celle de Loisel :

> Le droit de donner ou de faire donner poids et mesures, ne devrait appartenir qu'au roi seul : cependant aujourd'hui ce droit appartient aux seigneurs hauts-justiciers ; mais ce n'est qu'en conséquence de l'usurpation qu'ils ont faite anciennement de plusieurs droits semblables, dans la possession desquels ils sont restés[11].

Le rôle du roi est central dans ce projet d'harmonisation du droit : « sous l'obéissance d'un seul Roi », « sous l'autorité de sa M. » ; la soumission au souverain est la garantie de ce projet juridique où il s'agit de mettre en œuvre une norme : en cela, organiser le droit devient naturellement un projet politique.

Ce projet d'unification s'enracine dans les sources utilisées par Loisel qui assure que « la plupart de ce qui est ici projeté, se trouvera de la source et origine du droit ancien coutumier » : c'est affirmer l'authenticité de son livre qui est fidèle aux coutumes ancestrales du royaume ; en se basant sur ce qui a été le ciment du pays, il cherche à nouveau à cimenter ce peuple et déclare qu'il existe un droit français qui remonte à des origines lointaines et qu'il suffit maintenant de lui donner plus de cohérence et de simplicité pour qu'il puisse à nouveau jouer son rôle fédérateur. En filigrane, Loisel suggère aussi que le désordre peut venir d'un refus de prendre en considération ce droit coutumier qu'il veut réhabiliter. Ce terreau coutumier, né des usages proprement français et immémoriaux, permet l'édification d'un code juridique national, susceptible d'être accepté par tous et donc de régler le royaume.

---

11 Claude-Joseph de Ferrière, *Dictionnaire de droit et de pratique*, tome II, 3e édition, Paris, chez Brunet, 1749, article « Poids » p. 493.

Le préfacier fait alors encore une fois preuve de modestie en précisant son apport personnel dans ce livre qui ne serait que le réceptacle de coutumes qu'il aurait simplement cherché à bien agencer : « n'y ayant apporté que bien peu du mien, avec l'ordre et la liaison ; dont j'ai appris qu'il faut toujours avoir grand soin ». Il y a toujours cette posture de l'auteur humble qui se place dans la position de l'élève essayant de suivre scrupuleusement les enseignements de ses maîtres. Ainsi son travail ne serait que méthodologique puisqu'il précise qu'il n'a « apporté que bien peu du [s]ien » ; ce qu'il faut comprendre dans cette déclaration qu'il ne faut peut-être pas prendre pour argent comptant, c'est que le juriste ne cherche pas de gloire personnelle mais est totalement tourné vers un but d'intérêt général. C'est comme s'il souhaitait s'effacer en tant que personne particulière derrière une œuvre destinée à le dépasser. Au début de la préface, il a précisé sa contribution à l'ouvrage avec modestie : « les assemblant peu à peu, les arranger en quelque meilleur ordre » ; il réaffirme ici cette idée intéressante en disant qu'il a eu le souci de deux éléments « l'ordre et la liaison » : cela suppose un classement cohérent, une architecture pensée et l'attention portée au passage d'une coutume juridique à l'autre, c'est-à-dire à la fluidité de l'ensemble grâce à des enchaînements précis. Ainsi ce qui peut de prime abord paraître est présenté, au contraire, comme un tout homogène savamment agencé. L'apparente discontinuité, inhérente au genre de l'énoncé bref comme la maxime ou le proverbe, cache une véritable construction qui donne du sens et de la consistance au projet de Loisel.

Pour terminer, l'auteur défend le contenu de son livre : si le lecteur trouve certaines règles obscures ou désuètes, alors qu'il les observe quand elles sont mises en application et il verra qu'elles sont non seulement claires mais qu'elles sont le reflet d'un droit spécifiquement français. Par conséquent, Loisel insiste sur l'aspect pratique de son ouvrage : il n'est pas question de rassembler, tel un historien du droit coutumier français, des règles juridiques anciennes pour les conserver et les examiner mais plutôt de clarifier et harmoniser ce droit français pour en rendre l'usage et l'enseignement plus faciles et plus simples. Le livre de Loisel a un but pratique. Il y a une recherche d'ordre qui est aussi une recherche d'efficacité.

La dernière idée de cette préface est une manière de défense de son ouvrage : si un lecteur s'avise de montrer que telle ou telle coutume juridique énoncée dans ses *Institutes coustumières* ne semble pas vraie ou n'est pas toujours vraie, il doit admettre que ce qui compte c'est qu'elle le soit en général ; une règle peut avoir des exceptions et cela ne suffit pas à l'invalider. Il termine par une maxime résumant son opinion : « Nulle règle sans faute ». Nous pouvons voir ici une clé de lecture pour appréhender la méthode employée par Loisel dans l'élaboration de son œuvre : « il faut du commencement tenir pour règle ce qui est plus universel et général, ores qu'il y ait des exceptions ». La loi n'est pas le résultat du caprice des hommes mais elle répond à une exigence d'universalité et de vérité. Elle s'impose d'elle-même parce qu'elle correspond à une recherche de justice entre les hommes. C'est ce caractère inébranlable du droit que Loisel met en avant même s'il reconnaît que la règle n'est pas forcement toujours applicable dans tous les cas de figure. Sa quête de ce qu'on peut appeler un système juridique ne relève pas d'un esprit rigide et dogmatique. La règle n'est pas là pour contraindre les hommes de façon inflexible mais pour ordonner les rapports humains.

Essayons maintenant de dresser un bilan de cette précieuse préface. Convenons d'abord que ce texte liminaire est programmatique ; Loisel annonce clairement un projet juridique qui se déploie selon une triple perspective : méthodologique, littéraire et politique. Ces trois domaines se rejoignent dans la volonté d'unifier un droit coutumier français disparate, dans une langue française sobre et efficace, et ce afin d'asseoir solidement le Royaume de France. C'est donc son pays que l'auteur met à l'honneur et en cela il prend modèle sur les juristes romains qui ont cherché à installer un droit clair et cohérent afin de consolider l'empire. Pour construire un pays, il est nécessaire d'établir une justice où les droits et les devoirs de chacun soient bien spécifiés. C'est la condition pour atteindre la concorde et l'unité autour de la personne du Roi.

L'autre point important est celui de la réception à laquelle Loisel fait explicitement allusion ; son livre a un but didactique : il s'agit de transmettre au lecteur, avec ordre et simplicité, les rudiments du droit coutumier français. Il insiste sur l'utilité de son ouvrage, destiné à la fois au profane et au spécialiste du droit. Loisel se sent investi d'une mission essentielle au service des Français. Ainsi, l'intérêt de cette préface réside dans la double posture de son auteur : il affiche une humilité touchante tout en affirmant une grande ambition même si c'est au moyen d'une formulation pleine de modestie : il vise l'unification du royaume de

France par une codification nette et sobre du droit coutumier français. L'ambition est aussi bien littéraire que juridique : écrire les coutumes de France dans une langue française finement ciselée qui rivalise en quelque sorte avec la pureté du latin des juristes romains qu'il cite en exemple. C'est un travail politique et linguistique.

ILLUSTRATION DU PROJET POLITIQUE : LES PREMIÈRES MAXIMES DES INSTITUTES. RÉFLEXIONS AUTOUR DU CHAPITRE I DU LIVRE I : « DES PERSONNES »

Ce chapitre liminaire pose clairement l'organisation sociale en France au XVIe siècle ; c'est un préalable essentiel avant de commencer à aborder les relations entre les individus d'une société. Ainsi dans le chapitre I du livre I consacré aux personnes, Antoine Loisel structure son propos. Il commence par parler du roi qui est le socle de l'organisation sociale et politique, et progressivement il passe en revue les différentes catégories sociales : les nobles, les roturiers (bourgeois ou vilains), les enfants légitimes, les femmes, les bâtards, les aubains, les gens d'Église et de communauté, les serfs. On remarque que chaque groupe est l'objet de plusieurs règles qui le définissent.

Les cinq premières « sentences » instaurent le pouvoir monarchique institué par Dieu. Loisel pose un socle sur lequel va s'appuyer toute l'organisation juridique du pays. Son projet est bien de fonder la loi sur la personne quasi sacrée du roi (sentence n° 2 : « Le roi ne tient que de Dieu et de l'espée »). La justice gagne une légitimité incontestable, fondement nécessaire à l'établissement d'un droit unifié destiné à mettre de l'ordre dans la diversité des coutumes régionales. La première de ces six règles est un proverbe connu de tous et qui s'impose comme le maître mot inscrit au fronton des *Institutes coustumières* : « Qui veut le Roi, si veut la loi ». La rime entre les paronymes « Roi » et « loi », le rythme binaire de l'octosyllabe et la répétition du verbe « vouloir » évoquent l'harmonie d'une société bien ordonnée. Le roi représente la tête de ce corps social soigneusement structuré. L'ordre dépend donc de la suprématie royale sur les autres classes de la société ; l'équilibre social est fondé sur une hiérarchie très simple : le roi est situé tout en haut de l'échelle sociale et « tous les hommes de son royaume lui sont sujets » (sentence n° 4). Cependant, dès la maxime inaugurale « Qui veut le roi, si veut la loi », le pouvoir du roi est immédiatement lié à l'autorité de la loi. Il est question d'un ordre juridique tout autant que d'un ordre politique et ces deux domaines sont interdépendants. Le roi représente ici un État bien organisé, un État de droit où la loi règne. Le roi est le garant de la loi.

La référence à Dieu dès la deuxième règle (« Le Roi ne tient que de Dieu et de l'épée ») consolide un ordre social où le roi de France ne reconnaît d'autre autorité que divine et devient ainsi la source naturelle de la loi. Rappelons ici que l'expression « tenir de l'épée » est aussi une référence à la souveraineté divine qui a permis au prince de remporter des victoires militaires et d'asseoir son pouvoir : c'est donc bien le jugement divin qui fait régner le prince par « l'épée ». On peut déceler ici la volonté de créer une nation française indépendante ; c'est ce qu'on appelle le gallicanisme régalien dont Loisel est ici le chantre.

Lorsque le juriste affirme que « Le Roi ne meurt jamais » (sentence n° 3), il est toujours question de la pérennité de l'État au-delà de la personne du roi. Le fondement de la France est la royauté qui est la condition de l'ordre social et juridique. Pour éviter l'anarchie, il faut se soumettre au pouvoir monarchique. Le roi dont il s'agit ici est le roi qui garantit la justice pour tous ; d'ailleurs il a toujours son siège au Parlement où il peut intervenir à tout moment : il est le premier magistrat de France et la justice est rendue en son nom.

La sentence 4 « Tous les hommes de son royaume lui sont sujets » réaffirme le pouvoir exclusif du roi ; là encore Loisel insiste bien sur la position dominante du souverain pour installer un ordre politique qui permette d'installer un ordre juridique affermi. Politique et justice sont interdépendants. Il s'agit moins d'imposer l'omnipotence royale que d'adosser la loi à une structure politique solide. Les « sujets » sont par essence soumis au roi. Il n'est pas de contestation possible de son pouvoir sous peine d'ébranler le système entier. Le droit de lever l'impôt est aussi un privilège exclusivement royal ainsi que le précise la sentence suivante (n° 5) : « Au Roi seul appartient de prendre tribut sur les personnes ». La sujétion de tous au roi est ici encore exprimée. La relation entre celui qui paye l'impôt et celui qui le lève est clairement une relation de subordination entre le sujet et son souverain.

CONCLUSION

Nous avons vu au cours de notre présentation que le souci de l'ordre est primordial dans les *Institutes coustumières* : la structure d'ensemble mais aussi l'emploi systématique d'énoncés juridiques brefs comme les sentences, les règles et les maximes participent de cette quête d'organisation ; le juriste écrivain tâche dans son style même d'insuffler de l'ordre à une matière touffue.

L'auteur aspire à un ordre juridique français qui unifie les coutumes et permette de fonder une société moderne plus cohérente et plus équitable. L'idée maîtresse est d'établir les mêmes lois dans tout le Royaume pour l'ordonner.

Thomas TATEM
Doctorant, Centre d'études supérieures de la Renaissance,
Université de Tours

DEUXIÈME PARTIE

RÉTABLIR L'ORDRE DU MONDE

RÉTABLIR UN ORDRE PERTURBÉ

La scène du procès des diables contre Jésus dans le *Mystère des Actes des Apôtres*

INTRODUCTION

Dans cette communication, la question de l'ordre et du désordre sera posée au travers de la scène du procès des diables à Jésus, présente dans certaines versions du *Mystère des Actes des Apôtres*[1]. Cette œuvre, probablement rédigée au milieu des années 1470, et attribuée à Simon Gréban[2], constitue l'un des mystères les plus colossaux à nous être parvenus – il comprend plus de 60 000 vers, et est divisé en neuf journées. Il relate la prédication et le martyre des apôtres, en s'achevant sur ceux de saint Pierre et saint Paul, puis le suicide de l'empereur Néron. Il s'appuie principalement sur deux sources : le livre des Actes des *Apôtres* et la *Légende Dorée* de Jacques de Voragine[3].

---

1 Le texte du mystère a fait l'objet il y a quelques années d'une édition électronique sous la direction de Darwin Smith (https://eserve.org.uk/anr, consulté le 20/02/2017). Elle se base principalement sur le manuscrit M, mais contenant les interpolations contenues dans les autres versions, notamment imprimés A et C.

2 Ce dernier, maître ès arts a été au service de Charles d'Anjou, comte du Maine et frère de René d'Anjou. La préface de l'édition princeps du *Mystère des Actes des Apôtres* le nomme « docteur en théologie », cela dit son nom n'est mentionné sur aucune des listes des maîtres ou licenciés en théologie qui nous sont parvenues. Bien qu'il n'y ait que peu de renseignements à son sujet, on sait que dans années 1471-1472, il fut chanoine à l'église Saint-Julien du Mans. Outre l'œuvre du *Mystère des Actes des Apôtres*, on lui doit des poèmes et des élégies, notamment une complainte « faicte (…) de la mort de maistre Jacques Millet » que Raymond Lebègue lui a attribuée en raison d'un acrostiche contenant son nom, et une complainte sur la mort de Charles VII.

3 Ils sont en grande partie issus de *La Légende Dorée* de Jacques de Voragine (XIIIe siècle), mais aussi la collection apocryphe *Historia certaminis apostolici* du pseudo-Abdias. L'œuvre puise également dans des ouvrages encyclopédiques comme l'*Historica scolastica* de Petrus Comestor et le *Speculum historiale* de Vincent de Beauvais.

Les diables quant à eux sont assez actifs dans le mystère jusqu'à la quatrième journée qui se clôt par le procès que deux d'entre eux – Sathan et Bélial – mènent et perdent contre Jésus Christ[4]. Notons d'entrée que cette scène n'a normalement pas sa place dans ce mystère : la Descente du Christ aux enfers et la Rédemption qui s'en est suivie ont déjà eu lieu et à cette étape de l'histoire du Salut, les diables ne sont plus supposés disputer de droit sur l'ensemble de l'humanité. Ce constat ainsi que la multiplication des scènes de procès à la fin de la période médiévale laissent supposer que cet ajout serait principalement dû au succès relativement important de ce type de scènes[5].

Deux manuscrits et trois imprimés de ce texte nous sont parvenus. Dans cette étude, nous nous sommes basés sur l'imprimé A, car c'est dans celle-ci que la susdite scène a été ajoutée. Cette version fut remaniée en 1538 par Jean Chaponneau[6], docteur en théologie, et a suivi sa mise en scène à Bourges en 1536.

Il importe de rappeler que le mystère médiéval est au service de l'ordre : le cadre de la représentation théâtrale amène les rapports entre ordre et désordre à se poser en terme de communauté, des individus qui cohabitent dans une même société assistent collectivement à un spectacle. Dans les mystères, il s'agit avant tout de divertir, d'instruire et d'édifier un public chrétien à travers la représentation d'épisodes clés de l'histoire du salut. En outre, le passage de l'ordre au désordre se traduit par celui du paganisme à un monde ordonné par le Christianisme, et en accord avec ses valeurs. Dans le *Mystère des Actes des Apôtres*, où

4 La scène du procès des diables à l'encontre de Jésus est un ajout qu'on ne connait qu'à partir de cartons insérés dans certains exemplaires de l'imprimé A (notamment celui de Chantilly). Il s'agit d'une réécriture de la version française de la *Consolatio peccatorum*, autrement dit le *Procès de Bélial*, traduit et édité en 1487 par Pierre Ferget à Lyon. Il importe d'ores et déjà d'indiquer qu'elle est absente de la plupart des versions qui nous sont parvenues, et que pour insérer ce procès, une partie du texte a dû être modifiée.

5 Voir sur le sujet J.-P. Bordier, *Le Jeu de la Passion. Le message chrétien et le théâtre français*, Paris, 1998.

6 Chanoine augustin de l'abbaye Saint-Ambroise de Bourges. Il est connu pour son activité de prédication et d'enseignement, en effet, il prêcha en faveur de la Réforme à Bourges en 1533, avant de rejoindre Calvin et d'autres réformateurs en Suisse, où il s'installa à Neuchâtel. En plus du mouvement réformateur, alors à son apogée à Bourges, le remanieur était très certainement touché par le mouvement humaniste, puisqu'à l'époque l'abbé de Saint-Ambroise, Jacques Colin, était ami avec Marot, Bonaventure des Périers et Rabelais. Voir à ce sujet Émile Picot, *Notice sur Jehan Chaponneau, docteur de l'église réformée, metteur en scène du* Mistère des Actes des Apostres *joué à Bourges, en 1536*, Paris, 1879.

l'action a lieu dans un monde hostile au Christianisme, des personnages vont jouer un rôle de premier plan, il s'agit des diables. Ils sont caractérisés par leur dimension comique et incitent en même temps les personnages négatifs à lutter contre la diffusion du Christianisme, en les assistant dans cette tâche. Leurs mauvais tours et leurs farces se mêlent aux évocations des tourments infernaux, dans un univers en opposition et en butte à l'ordre divin. Cette opposition prend ici la forme d'un procès, qui a l'avantage d'être facilement théâtralisable. Le procès comporte en effet de nombreuses similitudes avec le théâtre (mise en scène d'affrontements entre différents acteurs en costume, dans un décor déterminé, devant un public), mais surtout, ici, la mise en scène d'un procès opposant sphère céleste et infernale semble être un très bon moyen pour que le désordre instauré par les diables laisse place à l'avènement d'un ordre divin.

LES DIABLES, FACTEURS DE DÉSORDRE SUR SCÈNE

Le désordre apporté par les diables s'adresse aux sens. En tant que créatures incarnant le mal tant sur le plan théologique que dramaturgique, ils se rattachent visuellement au monde de l'autre, de l'inquiétant, du menaçant. Ainsi, leurs costumes tranchent radicalement avec ceux des autres personnages, présentant des corps contre nature par leur aspect monstrueux[7], rappel de leur déchéance[8]. Par ailleurs, si le lieu infernal est marqué par le vacarme et les gesticulations continuelles qui s'opposent à l'harmonie des chants célestes, le diable n'en demeure pas moins – selon la formule de Tertullien – « singe de Dieu ». Ainsi, Lucifer qui règne sur

7 Nous pouvons par exemple citer le costume de Proserpine, mère des diables, d'après la *Monstre* attribuée à Jacques Thiboust : « Venoit après Proserpine, vestue d'une peau de ourse, ayant longues mamelles, desquelles dégoutoit incessamment du sang, et parfois jettoit feu siflant ; elle avoit un tymbre argenté ».

8 « Dans la pensée médiévale, où l'ordre correspond au Bien, les outrances, l'allure désordonnée, les gesticulations contrastent avec la beauté contemplative, l'équilibre harmonieux de la personne sainte », dans Marie-France Jourdan, *Le diable dans la cathédrale : jeux et métamorphoses à Chartres*, Châtillon-sur-Indre, 2014.

les diables tente d'imiter la hiérarchie céleste[9], en vain puisque cet ordre factice donne lieu au chaos et à la rébellion de ses sujets :

SATHAN
de Lucifer, duquel me plaintz
qu'en son service nous submect
et aucun remede n'y mect.
[...]
faisons ung nouveau maistre
ou tout nostre faict est perdu.

Les diables, incapables de revenir au Bien, tentent alors de pervertir un ordre ordonné par Dieu.

En effet, s'ils ont perverti l'ordre divin dès leur rébellion, ils sont également la cause du péché originel qui voua l'humanité à l'enfer avant le sacrifice du Christ. Dans ce Mystère, ils apparaissent comme adversaires des Apôtres, il s'agit en effet d'empêcher la diffusion du Christianisme afin de récupérer le plus d'âmes possible en enfer. Pour cela, une de leurs principales activités est de tenter les païens afin qu'ils persécutent les héros éponymes, ce qui échoue toujours puisque leur martyre les voue aux cieux et augmente les conversions, de plus en plus nombreuses au fil du récit[10].

Ces scènes sont également marquées par la parodie. L'univers des diableries se place à l'opposé du sacré, toutes les valeurs sont inversées et c'est pour cela qu'il y règne chaos et démesure. En effet, le diable chrétien, associé à la culture populaire participe à l'inversion des valeurs et à la transgression des normes. L'exemple le plus représentatif de ces aspects est sûrement la bénédiction diabolique que Lucifer donne aux diables quand ils partent en mission sur terre ou au Paradis. Il bénit ses sujets en levant sa patte sur leurs groins, et en lançant une suite d'imprécations, qui leur donne l'allure d'une malédiction. Au cours de la 5e journée, Lucifer bénit Sathan et Burgibus de la manière suivante :

---

9 Sur le sujet voir Jean Subrenat, « La caricature de Dieu dans l'enfer des *mystères* », dans Jean-Pierre Bordier et André Lascombes (éd.), *Dieu et les dieux dans le théâtre de la Renaissance*, Turnhout, 2006.

10 « Le saint s'est voulu faible, démuni et plus pauvre que les pauvres. C'est aussi ce qui le rend, dans tous les sens du terme, *intouchable*. Jamais le martyr ne se rebelle contre ses persécuteurs. À l'exemple du Christ au jardin des Oliviers sommant Pierre de rengainer son épée, il accepte avec sérénité, et même souvent avec joie l'arrestation, les outrages, les supplices et la mort », dans Bernard Faivre, « Martyrs, bourreaux et spectateurs », *Littératures Classiques*, 73 (2010), p. 121-132, p. 125.

DAGON
Maistre, deschaussez voz mytaines
et benissez ces pelerins !

LUCIFER
Ribaulx pires que Sarazins,
Infames et abhominables,
allez que cinq cens mille diables
vous puissent si parfons mener
que vous ne puissez retourner
de ces abismes dessoubz terre
jusque atant que vous aille querre !

Le désordre induit par les diables ne nuit pas à l'ordre de la société : il s'agit d'une transgression temporaire et autorisée puisque rattachée à l'enfer, et, loin d'être menaçants, les diables participent malgré eux à l'ordre divin. En effet, les personnages reliés à l'altérité, en l'occurrence ceux qui refusent d'épouser le Christianisme, et qui sont rattachés au mal sont repoussés vers l'enfer où ils reçoivent de justes châtiments infligés des diables, qui exécutent par là même la sentence divine. Dans le même temps, sur terre, les conversions se font de plus en plus nombreuses, malgré les tentatives des diables pour les empêcher, ils ne réussissent qu'à les aider.

Opposants mais surtout éternels perdants, les diables participent finalement à une justice idéale régie par Dieu et à laquelle ils se soumettent eux-mêmes comme le montre l'épisode du procès des diables à Jésus.

LA MISE EN SCÈNE D'UN ORDRE JUDICIAIRE À TRAVERS LE PROCÈS

L'épisode du procès des diables à Jésus a lieu à la fin de la quatrième journée. Au cours de celle-ci, le prince d'Antioche Théophilius perd son fils, mort sans baptême, et dont l'âme est évidemment emportée par les diables. Quelques scènes plus loin, Pierre prie Jésus de le ressusciter dans le but d'amener la conversion du prince d'Antioche. Le problème, c'est que l'âme de son fils a déjà été emportée en enfer. S'ensuit une scène au cours de laquelle les archanges Michel et Gabriel forcent les portes de l'enfer et ravissent l'âme de l'enfant au grand désespoir des diables, qui, se sentant lésés, décident d'envoyer deux d'entre eux plaider leur cause devant Dieu le Père : Sathan, le plus doué des diables, et Bélial, le procureur d'enfer. Ils sont retenus pour cette mission, avec l'assurance de gagner le procès :

SATHAN
je croy que nous avons droict
que sentence sera pour nous

C'est Jésus qui est visé par l'accusation des diables. La scène n'a pas de lien direct avec le vol de l'âme de l'enfant païen : cette variation de l'épisode de la Descente du Christ donne prétexte à l'auteur pour insérer une scène qui connaissait alors un vif succès : le procès de Bélial. Ce dernier, accompagné de Sathan, réclame à Dieu un juge impartial, et c'est Justice Divine qui est choisie pour juger le procès, tandis que Jésus prend pour avocat Moïse. Le public assiste à la préparation du procès par les diables avant que le procès, qui verra les diables « deshérités », n'ait lieu.

Pour ce procès, les diables quittent le désordre infernal pour se soumettre à un ordre présidé par Justice Divine, sur la scène du Paradis, soit le lieu par excellence de l'harmonie. Là, ils vont se soumettre aux règles de la procédure juridique telle qu'elle avait lieu à la fin du Moyen Âge. Cette mise en scène judiciaire permet un parallèle entre l'au-delà et le monde familier des spectateurs qu'ils peuvent aisément reconnaître au moyen de divers signes. Par exemple, les diables plaident par procureur, ils ne sont pas tenus d'être présents :

BÉLIAL
Il est besoing et necessaire
qu'entre nous d'enfer les seigneurs
constituons ung ou plusieurs
procureurs qui veullent entendre
à traicter, mener et deffendre
le fait de l'université,
car college ou communité
qui veult deffendre ou demander
doit en tel forme proceder
ut patet de juramento

calumnie capitulo[11]
quod dicitur imperator.

Sathan et Bélial endossent leurs costumes pour l'occasion :

SATHAN
Je m'en voys vestir
ung peu d'un aultre abillement,
affin que plus honnestement
compare devant le hault juge

Il est également question du « sac aux écritures » dans lequel on plaçait les pièces d'un procès.

Par ailleurs, les diables se réfèrent sans cesse aux autorités juridiques telles que le *Code justinien* qu'ils mentionnent à travers la formule « quod dicitur imperator », mais aussi au *Décret* de Gratien qui est explicitement cité par Sathan :

SATHAN
et Gratien en ses escriptz
qui les meurs humains reforma
a dit : « *causa undecima,*
quod amor, timor et census,
solent pervertere sensus. »
De hayne yst semblable erreur.

En définitive les diables perdent le procès, et Moïse, ici garant de la doctrine, gagne en proférant des paroles porteuses d'une vérité unique en accord avec le dogme. Les anges déchus au contraire, sont repoussés du côté du faux, aussi n'est-il pas étonnant qu'ils ne maîtrisent pas les autorités : Sathan cite mal le *Décret* puisque la cause XI traite des compétences respectives de la justice ecclésiastique et séculière, et qu'ils ignorent la rédemption ainsi que la différence de

11 À propos de la formalité du serment de *juramentum calumnie* : « le demandeur et le défendeur juraient successivement qu'ils croyaient avoir droite querelle ; – qu'ils répondraient droite vérité sur tout ce qu'on leur demanderait ; – qu'ils ne donneraient ni ne promettraient rien aux juges ni aux témoins sauf leurs dépens ; – qu'ils n'empêcheraient point leurs adversaires de produire des preuves ; – qu'ils ne reprocheraient ses témoins que pour des motifs qu'ils croiraient légitimes et n'useraient point de fausses preuves », dans Adolphe Tardif, *La Procédure civile et criminelle aux* XIII*e et* XIV*e siècles ou procédure de transition*, Paris, 1885, p. 89.

nature entre hommes et anges, comme il sera vu. Mais l'ignorance des diables donne l'occasion à l'auteur de mettre au point des questions doctrinales.

ORDRE DIVIN, ORDRE DES CROYANCES : RÉTABLIR L'HARMONIE ENTRE DIEU ET LES HOMMES

Un des aspects importants de ce type de procès est que la procédure juridique est mise au service d'une question théologique, à savoir celle du Salut de l'humanité. À la fin du Moyen Âge, la question du salut se faisait en termes juridique ; cela trouve sa justification dans l'importance que prit le droit canonique au sein de la hiérarchie ecclésiastique ainsi que par l'essor des facultés de droit. On constate par ailleurs une profusion de procès dans la littérature médiévale ; le procès de Bélial connaît alors un succès fou[12]. Derrière, il y a l'idée que les vérités de foi peuvent être exprimées sous forme juridique, et en effet, c'est l'occasion de contrôler les croyances du public.

Le fait que les diables réclament leurs droits sur les âmes qui leur ont échappé après le sacrifice du Christ donne l'occasion à l'auteur d'exposer aux spectateurs le dogme chrétien et d'en rejeter les éléments hétérodoxes. Il sert aussi à expliquer le mystère de la Rédemption : il s'agit de savoir si les hommes méritent d'être sauvés, ce que nient les diables. Sathan affirme que Dieu leur doit restitution de tout le genre humain tandis que Moïse lui répond que la rançon a été payée par le Christ[13] et qu'ils n'ont donc aucun droit à revendiquer :

---

12 Carmen Cardelle de Hartmann ne cite pas moins de 12 œuvres à succès reprenant la thématique du procès des diables en Europe entre le XIIe et le XVIe siècle.

13 Cette question connaît deux doctrines concurrentes. Celle de saint Anselme, selon lequel l'Incarnation est la façon la plus convenable pour l'homme de satisfaire la dette qu'il a encourue envers son Créateur en péchant ; le diable n'y joue aucun rôle, car sa nature pécheresse ne lui octroie aucun pouvoir légitime sur l'homme. La doctrine dite de la « rançon », d'origine patristique, réserve au contraire une place centrale au diable : en raison des droits que ce dernier détient sur l'homme, Dieu a dû se battre dans un procès juste avec le diable. Seule la mort d'un homme innocent, le Christ, mène au triomphe de Dieu sur le péché et au rachat de l'homme.

SATHAN

voy genelis, en ung chappitre
ou Dieu dit : « Quant vous mengere
de ce fruyt ycy, vous mourrez. »
Or est ainsi qu'il en mengea,
par quoy à la mort obligea
Adam, et toute sa sequelle.
Solution

MOYSE

Verum est ; à mort temporell[e]
non pas à ceste mort ycy
d'enfer.

Et plus loin :

SATHAN

de si long temps qu'il n'est memoir.
du contraire, qui est grant chose
avons en nostre chartre close
tenu ferme, soubz nostre main
Adam et tout le gendre humain
pour l'offence qu'il fist jadis
et ce terrestre paradis,
que sans nulle dilatïon
je doy en ma possessïon
estre mys et restitué
et Jesuchrist destitué
de ceste humaine progenye
à toujours mais.

MOYSE

Je le te nye
qu'il doyve restitution.

SATHAN

Et pour quoy ?

MOYSE

Ta possessïon
n'a pas esté à juste tiltre.
(…)

MOYSE

Je te concede
que se l'homme pour son meffait

n'eust trouvé qui eust satiffait,
qu'il eust deu tenir par raison.
ou lymbe eternelle prison,
mais le filz de Dieu l'a repris
pour ce qu'il a paié le pris
de sa rançon obligatoire.

Mais la discussion porte également sur la différence entre la rébellion et le péché commis par l'homme et celui commis par les mauvais anges envers leur créateur :

MOYSE
tu scez bien aussi fait justice
que l'ange de propore malice
en estat de perfectïon
pecha, sans persuasïon
luy sachant que faire devoit,
car certainement il avoit
de bien et de mal la scïence
par sa heautesse et excellence
de sa nature intellective
l'homme ne l'avoit pas si vive
pour le corps qui aggravoit, l'ame
et puis qui te tourne à diffame
s'il fist prevaricatïon
ce fut par ta suggestïon
par quoy il est cler à entendre
que son peché est beaucoup moyndre
que n'est celluy de Lucifer,
si ne doit pas estre en enfer
damné a tousjours sans mercy

Moïse profère alors un enseignement angélologique portant sur la nature intellective des anges lesquels ont une connaissance supérieure à celle des hommes, ce qui n'a donc pas les mêmes incidences sur l'importance de leur péché.

Les diables peuvent eux aussi paradoxalement formuler « un credo tout à fait orthodoxe[14] » en professant des vérités de foi. En effet, alors qu'ils préparent le procès en consultant un « livre contenant les péchés

14 Thierry Revol, « Les Figures diaboliques dans le *Mystère des Actes des Apôtres* », dans Barbara Selmeci Castioni et Marion Uhlig (dir.), *Saintes scènes. Théâtre et sainteté à la croisée du Moyen Âge et de la Modernité*, Berlin, Franck & Timme, 2012, p. 112.

de l'humanité », ils s'aperçoivent que ceux-ci ont été effacés à cause de la confession et de la contrition.

SATHAN
Ceste fausse confession
efface tout mal, et emporte
et plus fort, elle ouvre la porte
de paradis à sa devise
par les sainctes clefz de l'eglise
aux quelles l'homme a fait submettre.

Et :

SATHAN
Ha ! s'a esté contrictïon
qui fort y a fait labourer,
tant de larmes a fait mourer
sur ces fueilletz qui sont mouillez
si fort que les motz sont broulliez
tellement qu'on n'y sçaroit lyre.

Les diables traitent alors des aspects intérieurs et extérieurs menant à l'effacement des péchés en rappelant l'importance de la contrition. Cette dernière est nécessaire à la réussite d'une confession, considérée par Albert le Grand[15] comme une douleur volontaire ainsi qu'une punition du péché qu'elle détruit. Les larmes, quant à elles, sont gages de sincérité du cœur, la contrition et les pleurs qui l'accompagnent sont considérés comme indispensables à l'efficacité du sacrement de pénitence. Les sacrements conférés par le clergé ont une valeur salvatrice que les diables ne peuvent que déplorer.

La sentence émise fait office de doctrine, c'est une mise en valeur de la justice suprême. La scène du procès, par son contenu sert à maintenir le public dans l'orthodoxie et dans l'orthopraxie, tendant ainsi à minimiser l'influence des diables. Si l'homme, même pécheur, souffre de la peine du dam, c'est qu'il s'est lui-même mis hors de toute possibilité d'être sauvé premièrement en refusant de se tourner vers Dieu, et deuxièmement en ne s'en remettant pas aux sacrements, donc en ignorant la médiation cléricale nécessaire à son salut.

15 Piroska Nagy, *Le Don des larmes au Moyen Âge*, Paris, 2000, p. 377. Thomas d'Aquin et Albert le Grand ont traité de ces questions dans leurs commentaires respectifs sur les Sentences de Pierre Lombard.

Les diables, causes de désordre sur terre finissent par s'avouer eux-mêmes vaincus, non seulement par la hiérarchie céleste, mais par la hiérarchie ecclésiastique, qui permet aux pêcheurs de revenir au bien.

CONCLUSION

Le mystère insiste, particulièrement avec cette scène de procès, sur la défaite des diables et la faiblesse de leur emprise sur les hommes, paradoxalement à une période où la méfiance envers le diable et ses alliés présumés, les sorciers, s'accentue puisque la fin du XVe siècle marque le début d'une période de démonomanie avec notamment la bulle *Summis desiderantes* d'Innocent VIII, en 1484, selon laquelle les adeptes de la sorcellerie qui se vouent au démon constituent une secte qui doit être poursuivie par l'Inquisition, et la parution du *Malleus maleficarum* d'Heinrich Kramer et Jacques Sprenger en 1486/7, qui marque le commencement de la chasse aux sorcières. À une époque où l'activité des démons était devenue l'obsession des autorités aux yeux desquelles ils étaient l'image d'un contre-pouvoir menaçant l'ordre terrestre et politique, sur la scène théâtrale, le mal qu'ils causent laisse place au bien, la peur au rire, le désordre à l'ordre.

Mathilde CORNU
Doctorante,
Université de Neuchâtel /
Université de Strasbourg

LES *ARTICLES* *DU TRAITÉ DE LA PAIX ENTRE DIEU ET LES HOMMES* D'ARTUS DÉSIRÉ

INTRODUCTION

Prêtre et pamphlétaire du XVIe siècle, catholique radical, Artus Désiré réclame dans ses nombreux ouvrages l'extermination du camp protestant et tente, en rappelant les points fondamentaux du catholicisme, de ramener les fidèles dans le droit chemin. Parmi ses pamphlets les plus connus, on compte les *Combatz du fidelle papiste contre l'apostat priapiste*, réédité également plusieurs fois sous le titre des *Batailles et victoires du chevalier celeste contre le chevalier terrestre*, ou encore le *Contrepoison des cinquante-deux chansons de Clément Marot, faulsement intitulées par luy Psalmes de David*. Les publications s'étalent de 1545 à 1578 et s'élèvent à plus d'une centaine.

Le texte qui nous intéresse aujourd'hui a été publié pour la première fois en 1558, puis réédité en 1562 et en 1563. Nous avons conservé un exemplaire pour chacune de ces éditions : le texte de 1558, publié chez Pierre Gaultier, est conservé à la BNF ; celui de 1562, imprimé aussi par Pierre Gaultier, fait partie des collections de la bibliothèque du Château de Chantilly ; tandis que le dernier est également conservé à la BNF et ne porte que la mention « selon la copie imprimée à Paris ». Il existe aussi deux éditions dont les dates sont inconnues, publiées chez Mathurin Martin entre 1573 et 1600[1] : l'une est conservée à la BNF ; l'autre fait partie de la collection privée de Jean-Paul Barbier Mueller[2].

---

1 Ce sont les dates d'activité de cet imprimeur. Il s'agit donc très probablement de deux éditions posthumes, la mort d'Artus Désiré étant estimée à 1579.

2 J.-P. Barbier Mueller, *Ma Bibliothèque poétique.* 4e partie, t. I, *Contemporains et disciples de Ronsard. D'Aubigné à Des Masures*, Genève, Droz, 1998, p. 472-474. Je n'ai pu consulter cet

L'édition originale de ce texte très court (douze folios seulement) se compose de trois parties :

- Une adresse à l'un des conseillers du roi Henri II, secrétaire de ses finances, nommé Simon de Fizes (futur baron de Sauve). Elle est rédigée en deux strophes de dix vers chacune.
- Suit un prologue de cinq pages dont le ton est celui de l'exhortation aux fidèles, à la manière d'un sermon prononcé devant une assemblée. L'ambiance, à l'habitude de notre auteur, est celle de l'angoisse eschatologique dont Denis Crouzet[3] et Thierry Victoria[4] ont montré les ressorts.
- Enfin s'offrent à nous les cinquante-trois articles du traité de la paix à proprement parler. Écrits uniquement en quatrains, ils enjoignent de réformer le royaume pour obtenir la paix de Dieu. Cet enjeu crucial qui est souligné par la construction épiphorique de ces quatrains. En effet, le vers « Si en France on veult avoir paix » apparaît dix-sept fois de manière inchangée, et quatorze autres fois avec le simple déplacement du syntagme « en France » en fin de vers pour les besoins de la rime. Les autres quatrains proposent des variantes de ce vers, sans que cela brise la circularité introduite par ce motif quasi systématique.

En revanche, les quatre autres exemplaires présentent des différences notables. Dans ceux de 1562 et 1563, on constate la disparition de l'adresse à Simon Fizes, qui s'explique aisément par le décès d'Henri II : Simon Fizes n'est plus un conseiller direct de la monarchie, même s'il demeure proche du pouvoir, de Catherine de Médicis et de Michel de l'Hospital. De plus, le prologue y est oublié, au profit d'une épître aux lecteurs de cinq pages. Toutefois, les « Articles » à proprement parler demeurent inchangés. Chez Mathurin Martin, le prologue est de retour à la place de l'épître. De plus, dans l'exemplaire qui appartient à Jean-Paul Barbier Mueller, le premier dizain de l'adresse à

exemplaire, je me contenterai donc de citer les observations du collectionneur et d'émettre des hypothèses à partir du fac-similé de la page de titre, qui est produit dans le catalogue.

3 D. Crouzet, *Les guerriers de Dieu. La violence au temps des troubles de religion vers 1525 – vers 1610*, 2 vol., Seyssel, Champ Vallon, 1990.

4 T. Victoria, *Un livre de feu dans un siècle de fer. Les lectures de l'Apocalypse dans la littérature française de la Renaissance*, Louvain, Uttgeveru Peeters, 2009.

Simon Fizes refait son apparition. Toutefois le futur baron de Sauve n'y est plus mentionné : l'adresse est désormais au pluriel, dirigée vers « Nobles seigneurs[5] ».

De manière générale, dans les trois éditions des *Articles*, Désiré fait le constat d'un royaume en désordre, comme on peut le voir dans cette citation du prologue de 1558 :

> Or a ce propos je veulx dire & conclure, que combien que ayons esté vexez & tormentez de diverses oppressions par longue saison de temps, principalement en ce present regne miserable & calamiteux, troublé & esblouhy, du sang humain repandu, par l'abondance de noz perverses & damnables iniquitez provocantes l'ire de dieu, a l'encontre de nous, que si nous venons a fermer la porte a nostre charnelle & impudique sensualité, qui est la principale cause motifve de l'ouverture des grosses guerres, noyses, & dissentions entre les Roys de la terre & autres Princes chrestiens, que indubitablement ne tarderons d'avoir la paix tant spirituelle que temporelle[6].

Face à ces désastres qui frappent le royaume, Désiré prône le retour à une société d'harmonie et de paix, conforme à un état de la société qu'il convient de définir. C'est ici que le thème de ce colloque me donne à réfléchir : face à ce procès-verbal d'une France en désordre, quels sont les moyens d'y ramener l'ordre ? Il est intéressant de poser la question de l'énonciation dans ce débat sur l'ordre et le désordre. Avec Artus Désiré, nous avons affaire à un prêtre, qui se considère comme garant d'un ordre, au sens où il désigne un principe d'organisation de la société. Pourtant, Artus Désiré est perçu de son vivant comme un fauteur de troubles dans le royaume : les archives de son procès[7] croisées avec les témoignages de ses contemporains[8] nous montrent qu'il fut condamné, pour avoir tenté de porter un message au roi Philippe II d'Espagne, à une retraite de cinq années dont il n'exécuta que les premiers mois. Un acte royal lui ordonne son bannissement du royaume pour avoir encouragé les hommes à prendre les armes contre l'hérétique alors même que la politique royale visait à la pacification

5 J.-P. Barbier Mueller, *op. cit.*, p. 472.

6 *Les articles du traicte de la paix, entre Dieu & les hommes, Articulez par Artus Desiré. A Monsieur Fizes, Conseiller du Roy, & Secretaire de ses Finances*, Paris, Pierre Gaultier, 1558, f° 5 v-6 r.

7 *Arrests & proces verbaulx d'execution d'iceux, contre Jean Tanquerel, maistres Artus Desiré, François de Rosières, & autres*, [s. l. n. d.].

8 J. de La Fosse, *Les « Mémoires » d'un curé de Paris (1557-1590), édités par Marc Venard*, Genève, Droz, 2004, p. 41.

des troubles de religion[9]. Il est possible d'identifier, dans la pensée de l'auteur, trois entités, deux spirituelles et une temporelle, qui régissent la société des hommes. La première, c'est l'ordre institué par Dieu : l'humanité est régie par des lois divines qui la transcendent. La seconde, c'est celui de l'Église, qui met en place les directives du Verbe divin pour que la société réponde aux attentes de Dieu. Enfin, le troisième ordre est celui du royaume : les lois royales sont celles qui devraient, finalement, venir à bout des désordres civils.

L'ORDRE DE DIEU

« EPISTRE AUX LECTEURS » (1562-1563)

L'ordre divin est au cœur des cinq pages qui constituent l'épître aux lecteurs : elle consiste en un rappel de l'histoire de l'humanité telle qu'on la perçoit au travers de la Bible. C'est avec Adam que commence donc le texte :

> Si l'Homme de bon esprit veult contempler en son premier parent, trois qualitez, la premiere devant son offense, la seconde en l'estat & pendant icelle, la tierce au temps de sa penitence, il cognoistra aiseement [*sic*] d'où provient la fouldre de la guerre, & d'où ressort la palme de paix[10]

Adam représente l'état originel de l'humanité, celui par qui tout commence. Avant l'épisode de la chute, il est celui qui incarne la perfection et l'harmonie de l'ordre divin au jardin d'Éden. Lorsqu'Adam et Ève décident de manger le fruit de l'arbre de la connaissance du bien et du mal, Dieu instaure une nouvelle norme pour l'homme, celle de la mortalité et du labeur.

> La Terre […] marrie de telle prevarication contre son Createur, ne daigne produire à l'homme chose qu'avec un traveil & labeur non mediocre. La mort va tallonnant avançant ses pas, le menaçant chascun jour de la vie, jusques à rendre son corps la terre d'où il est yssu[11]

9 F. S. Giese, *Artus Désiré : Priest and Pamphleteer of the Sixteenth Century*, Chapel Hill, University of North Carolina Press, 1973, p. 30.

10 *Les articles du traicte de la paix, entre Dieu & les hommes, Articulez par Artus Desiré*, Paris, Pierre Gaultier, 1562, f° 1 v.

11 *Ibid.*, f° 2 r.

Adam introduit chez l'homme le péché et par conséquent la mort. Ici Artus Désiré suit l'enseignement de saint Ambroise, qui explique que la faute du premier homme a entraîné la dissension entre l'âme et le corps, entre l'esprit et la chair : « Mais incontinent la faulte commise s'engendra une si estrange guerre entre les deux, entre toutes les parties de l'ame, entre les qualitez du corps[12] ».

Désiré ellipse le reste de l'Ancien Testament, n'évoquant Israël qu'à travers la promesse du rachat de l'humanité par le fils unique de Dieu. S'ouvre alors une nouvelle ère d'espoir pour un monde plus harmonieux avec la bonne nouvelle de l'arrivée du Christ. Celui-ci est qualifié d'« embassadeur de la paix[13] » : il est celui qui, par sa perfection, sa pureté et la sainteté de ses mœurs, rétablit la paix en lieu et place des désordres de la guerre. Ainsi le péché originel consécutif à la faute d'Adam peut être enfin pardonné. La période de la Contre-Réforme, où l'Eucharistie est perçue comme le symbole du sacrifice christique sans cesse renouvelé, insiste justement sur cette dimension expiatrice.

À partir de cette histoire de l'humanité résumée par les deux seules figures d'Adam et du Christ, Désiré établit un parallèle avec une nouvelle période de désordre, celle dont il est le témoin :

> Mais depuis qu'aucuns hommes se sont tant oubliez que de mespriser l'entherinement de l'accord contenant l'observance de la Loy, ilz sont retombez en guerre plus cruelle que devant, de sorte que Dieu est irrité, les parties de l'ame se combatent, la conscience presente ses alarmes si estranges qu'il n'y a si bon cœur qui ne succombe soubz si furieux assaulx. Les guerres externes sont excitées, le peuple se bende contre un peuple, Prelat contre Prelat, Docteur contre Docteur, enfans contre parens, freres contre freres, femme contre mary, voisin contre voisin[14]

Ainsi, il observe un manque de respect pour la loi de Dieu et un mépris total pour le traité de paix que Dieu a passé avec les hommes à l'occasion du sacrifice christique. Aux affrontements confessionnels dont les premiers faits d'armes viennent d'éclater s'ajoute le désordre social, qui dérange beaucoup notre auteur : des confrontations qui lui semblent contre nature pullulent dans le royaume, soit parce qu'elles ont lieu entre égaux soit parce qu'elles contrarient une certaine hiérarchie.

12 *Ibid.* f° 1 v.
13 *Ibid.*, f° 2 v.
14 *Ibid.*, f° 3 v.

L'amertume de l'auteur peut aussi s'expliquer par son désaccord profond avec la politique royale mise en place : la conciliation entre les deux confessions n'est pas de son goût. Au colloque de Poissy organisé en 1561 (un an seulement avant la publication de cette épître), il aurait préféré une répression ferme de l'hérésie protestante.

Le remède à ces désordres se trouve dans le repentir et la pénitence car ce sont les seuls moyens d'obtenir de Dieu son intervention dans les affaires humaines, son pardon face aux iniquités et aux dérèglements des mœurs.

PROLOGUE DE L'ÉDITION ORIGINALE (1558)

Le prologue s'ouvre par la citation de deux *exempla* bibliques, tirés du *Liber de exemplis sacre scripturae* de Nicolas de Hannapes[15], qui évoquent tous deux l'importance de la patience et de l'espoir. Le premier rappelle la longue attente d'Abraham avant qu'il ait un fils avec Sarah, comme Dieu lui avait promis. Le second remémore les tourments infligés par les Égyptiens aux Hébreux.

Comme dans les autres textes de Désiré, on retrouve dans le prologue l'angoisse eschatologique qui est caractéristique de son écriture. Avec la mention de la prophétie de Daniel, chapitre 9e, Désiré mobilise la question de l'imminence du Jugement dernier.

> Car l'abomination & desolation du lieu sainct predicte par Daniel le prophete en son neufiesme chapitre, est maintenant si grande en plusieurs lieux[16]

Souvent[17], lorsqu'il fait référence à ce passage vétérotestamentaire, Désiré choisit de citer le 27e verset : *deficiet hostia et sacrificium*, le sacrifice et

---

15 Nicolas de Hannapes, *Virtutum vitiorumque exempla, utriusque legis promptuario decerpta, per R. DD. Nicolaum Hanapum, almi ordinis Praedicatorum, Patriarcham olim Ierosolymitanum, nunc duobus antiquissimis Exemplaribus reformata. Quibus etiam & Authoris Procemium, & Alphabeticiis materierum ordo accesserunt*, Lyon, Gulielmum Rouillium, 1554, p. 162.

16 *Les articles du traicte de la paix, entre Dieu & les hommes, Articulez par Artus Desiré. A Monsieur Fizes, Conseiller du Roy, & Secretaire de ses Finances*, Paris, Pierre Gaultier, 1558, f° 5 r.

17 Voir par exemple : *Le grand et admirable signe de Dieu apparu au Ciel, contraire a la blaspheme faulsement proposée en la personne de nostre sainct père le Pape, par ceulx de la nouvelle Religion l'appellant Antechrist*, Paris, Thibault Bessaut, 1563, f° 4 r; *Les Batailles et Victoires du Chevalier Celeste, contre le Chevalier Terrestre, l'un tirant à la maison de Dieu, & l'autre à la maison du prince du monde chef de l'Eglise maligne. Avec le terrible & merveilleux assault donné contre la saincte Cité de Hierusalem, figurée à nostre mere saincte Eglise environnée des ennemys de la Foy*, Paris, Jean Ruelle, 1570, f° 2 v et 146 v; *L'origine et source de tous les maux de ce monde, par*

l'offrande cesseront. C'est avant tout la négation de l'Eucharistie qui retient son attention. Alors que le reste du prologue définit de manière très large les pécheurs comme responsables de l'état catastrophique du royaume, la mention de Daniel 9 permet de cibler plus précisément les protestants, dont la vision de la Cène est en contradiction avec celle de la messe catholique. Ainsi, il voit dans les événements qui lui sont contemporains autant de signes qui sont annonciateurs de la fin des temps.

Enfin, par la citation d'un proverbe, Désiré souhaite illustrer la subordination de la paix à la volonté divine. Le proverbe, « Car comme on dict en commun proverbe, les hommes ont les guerres, mais Dieu seul donne les victoires[18] », représente l'idée, sur laquelle repose le principe même des Articles qui suivent. Chacun des quatrains est en réalité une des conditions nécessaires à la bonne marche de ce traité de paix, passé entre Dieu et les hommes.

Il y a donc une responsabilité de l'homme dans l'élaboration de ce traité de paix. À l'homme impute la charge de se comporter selon les mœurs imposées par cette institution qui est, aux yeux de Désiré, à la fois humaine et divine, c'est-à-dire l'Église, dont Désiré défend la primauté et l'autorité sur la société.

L'ORDRE DE L'ÉGLISE

LA HIÉRARCHIE ECCLÉSIASTIQUE ET LES ATTRIBUTS DU CLERGÉ

Dans le corps du texte, qui comporte les cinquante-trois quatrains, Désiré rappelle quels sont les devoirs de l'Église et quels sont les devoirs que les fidèles doivent observer vis-à-vis de celle-ci. Ainsi, l'obéissance de tous, fidèles, clercs et princes, est due à la Papauté, en tant qu'elle

l'incorrection des peres & meres envers leurs enfans, & de l'inobedience d'iceux, Ensemble de la trop grande familiarité & liberté donnée aux servans & servantes, Avec un petit discours de la visitation de Dieu envers son peuple Chrestien, par affliction de guerre, peste & famine, Paris, Jean Dallier, 1571, f° 47 v ; *Les grands jours du parlement de dieu, publiez par monsieur S. Matthieu. Où tous Chrestiens sont adjournez à comparoistre en personnes, pour respondre sus les grands blasphemes, tromperies, & deceptions du regne qui court, qui sont les signes de l'Antechrist*, Paris, René Ruelle, 1615, f° 18 r ;

18 Les articles… 1558, f° 6 r.

représente l'Église fondée par Jésus et confiée à saint Pierre dont le pape est le successeur[19]. Sont également énumérés un certain nombre de lieux communs concernant les réformes du clergé qui seraient nécessaires pour garantir le salut des fidèles. Il s'agit dans un premier temps de réprimer les abus des clercs : Désiré rappelle que les vœux cléricaux impliquent continence sexuelle, résidence, pauvreté et charité[20]. Les clergés régulier et séculier sont tous deux visés, toutefois l'auteur consacre un nombre accru d'articles au monachisme en particulier, insistant sur la nécessité de l'isolement au monde et de la mise en commun des biens. En outre, il demande que soit claire la distinction entre bénéfices réguliers et séculiers[21] et que l'on évite le cumul des bénéfices ainsi que leur vénalité. Enfin, il accorde dans le prologue de 1558 une place particulière à deux ordres monastiques à tendance érémitique, les Chartreux et les Célestins, dont les prérogatives incluaient notamment une grande importance pour la prière individuelle.

LES VALEURS PRÔNÉES PAR L'ÉGLISE

À cela, le pamphlétaire ajoute quelques considérations d'ordre très général qui concernent directement tous les fidèles : la présence de tous est requise à la messe. La prière est le seul moyen d'obtenir le pardon de Dieu, ainsi les efforts précatifs de chacun sont exigés par l'auteur pour obtenir le salut du royaume.

En outre, les facteurs de trouble que sont les péchés courants sont à exclure : il en va ainsi de la luxure[22], du jeu[23] ou encore de l'usure. Il

19 Article 4 : « Qu'on croye en l'Eglise estre un Pierre / Vicaire de Dieu sus la terre, / Et qu'on luy rende obeissance / Si on veult avoir paix en France. » (f° 8 r). Article 28 : « Que tout le monde croye & tienne / De la saincte Eglise chrestienne / Portant au Pape obeissance, / Si on veult avoir paix en France. » (f° 10 r-v).

20 Articles 8, 9 et 11 : « [8] Qu'ilz ne aillent plus courir par ville / En manteau ou autre habit vile / Mais qu'au lieu facent demourance / Si on veult avoir paix en France. // [9] Mesmement en ce temps qui court / Qu'au cloistre soient tenus de court / Servans Dieu en ditz & en faictz, / Si en France on veult avoir paix. // [11] Que leurs biens soient mis en commun / Tant de l'Abbé que de chascun / Et qu'aux povres donnent substance / Si on veult avoir paix en France. » (f° 8 v-9 r).

21 Article 10 : « Que lon ne donne aux seculiers / Les benefices reguliers / Mais aux plus gens de bien profez, / Si en France on veult avoir paix. » (f° 8 v).

22 Article 40 : « Que Maquereaux & Maquerelles / Soient tous sans procez ne querelles / Hault pendus, par les carrefours / Et nous aurons paix en noz jours. » (f° 11 v).

23 Articles 35, 36 et 38 : « Que homme vivant ne vende vin / Pendant le service divin / Et qu'on ne joue en aucun jeu / Si on veult avoir paix de Dieu. // [36] Mettez en gallere ou

consacre également quelques articles au faste vestimentaire des femmes, révélateur selon lui de leur orgueil.

> [41] Qu'on cesse aussi toute bombance
> Qui ne sert qu'a repaistre l'œil
> Et qu'on abate tout orgueil
> Si on veult avoir paix en France.
> [42] Que les Dames ne portent plus
> Manteaux a hommes dissolus
> Et autres habitz contrefaictz,
> Si en France on veult avoir paix.
> [43] Qu'aux femmes de bien soient egalles
> Et que par bonne acoustumance
> Ostent ces grandes vertugalles,
> Si on veult avoir paix en France.
> [44] Et que le Roy (pour abreger)
> Face de leurs joxaux [*sic*] forger
> Des escus d'or beaux & bien faicts
> Pour nous ayder avoir la paix[24].

Ce n'est pas le seul texte où il se plaint des dérives morales féminines : on retrouve sur plusieurs pages les mêmes récriminations, ici résumées, dans le *Desordre et scandale de France, par les estats masquez et corrompus, contenant l'éternité des peines deues pour les pechez, & de la retribution des Esleuz & predestinez de Dieu*[25].

Aux désordres dus aux mauvaises mœurs, qu'il convient de réformer, s'ajoute celui de l'hérésie que Désiré fustige en condamnant des pratiques que l'on peut identifier comme étant celles des réformés. Toutefois, ce n'est pas à l'Église qu'il appartient de juger les cas d'hérésie graves : c'est au bras séculier de la justice royale de s'en charger. Cela dépend donc d'un troisième ordre, celui-là temporel, qui est celui du royaume de France.

---

pendez / Joueurs de Cartes & de Dez, / Ou chastiez en leur enfance / Si on veult avoir paix en France. // [38] Que lon purge les Bordeaux / Les cabaretz & jeuz de paulme / Et pour avoir paix au royaume / Qu'on les mette es mains des bourreaux » (f° 11 r).

24 F° 11 v-12 r.

25 A. Désiré, *Le Desordre et scandale de France, par les estats masquez et corrompus, contenant l'éternité des peines deues pour les pechez, & de la retribution des Esleuz & predestinez de Dieu*, Paris, Guillaume Julien, 1577, f° 9 v-11 r. Voir aussi Artus Désiré, *L'origine et source de tous les maux de ce monde, par l'incorrection des peres & meres envers leurs enfans, & de l'inobedience d'iceux, Ensemble de la trop grande familiarité & liberté donnée aux servans & servantes*, Paris, Jean Dallier, 1571, f° 14 v-17 r.

L'ORDRE DU ROYAUME

LA RESPONSABILITÉ DU ROI TRÈS-CHRÉTIEN

Dans un premier temps, pour saisir comment Désiré conçoit le système de gouvernement et d'autorité du royaume, il faut commencer par évoquer la question de la responsabilité du roi Très-Chrétien. Par ce titre donné à son souverain, le royaume de France, par extension, tend à être considéré comme un nouveau peuple élu. De plus, le sacre royal implique une responsabilité spirituelle du souverain vis-à-vis de ses sujets : le roi doit bannir l'hérésie du royaume et assurer le salut de son peuple. Ce rôle du monarque est très présent dans les idées de Désiré, qui n'hésite pas à apostropher le roi dans certains écrits pour demander qu'il punisse les hérétiques, comme dans l'adresse à Charles IX qui précède le texte de la *Singerie des huguenots, marmots & guenons de la nouvelle derrision theodobeszienne*.

L'édition originale des *Articles* est adressée à l'un des conseillers du roi, Simon Fizes. Désiré espérait sans doute que ses idées atteignent l'oreille du roi. Dans le prologue de 1558, cette responsabilité royale est très clairement établie :

> attendant la plenitude du temps de nostre esperance la quelle est fondee sus la bonne volonté & deliberation de nostre Roy treschrestien, le quel moyennant la grace de Dieu, a deliberé au retour de ses guerres vacquer luy mesme aus matieres de la foy & faire si grefve Justice des scismatiques & meschans, qu'il en sera perpetuelle mémoire[26]

Notre auteur fait allusion à la fin proche des guerres d'Henri II avec l'Espagne, le traité de Cateau-Cambrésis signé en avril 1559 signifiant l'aboutissement de longues tractations et négociations avec les ennemis espagnol et anglais, alors que le front de la guerre au nord de la France s'était stabilisé à l'automne 1558. C'est dans un contexte de paix que Désiré espère voir le protestantisme, ici désigné sous l'expression « scismatiques & meschans », être anéanti.

---

26 *Les articles du traicte de la paix, entre Dieu & les hommes, Articulez par Artus Desiré. A Monsieur Fizes, Conseiller du Roy, & Secretaire de ses Finances*, Paris, Pierre Gaultier, 1558, f° 6 r.

L'EXEMPLARITÉ DES ÉLITES

Au-delà de la personne royale, les différents corps d'élite du royaume sont mis devant leurs responsabilités. Le corps ecclésiastique, en supplément des nécessités de réformes que j'ai déjà mentionnées, se voit comparé à Moïse levant les bras sur la colline pour permettre à Josué de vaincre les Amalécites (Ex. 17, 8-13) : « Aussi que messieurs de l'Église / Levent les mains comme Moyse » demande donc Désiré. La comparaison apparaît également dans le prologue :

> Car tu as en tes terres plusieurs venerables Moyses sus la montaigne de contemplation, Comme sont Chartreux, Selestins, & autres sainctz religieux profez en continuelle priere, Lesquelz sont soustenus en discipline reguliere par le grand prestre Cardinal de Lorraine & Monseigneur le reverendissime Cardinal de Sens, garde des Seaux, lesquels soustiennent & gardent si bien les bras de la religion chrestienne, que dieu aydant gaingnerons la victoire contre noz ennemys, temporelz & spirituelz[27].

Ici plusieurs ordres religieux, puis la « religion chrétienne » ont le rôle de Moïse, tandis que les cardinaux de Lorraine et de Sens sont assimilés à Aaron et Hur, venus aider Moïse à maintenir ses bras levés.

Le corps nobiliaire se voit attribuer une fonction de modèle à l'égard du peuple français. Elle se doit d'être exemplaire dans ses idées, pour empêcher les progrès de la Réforme, et dans ses mœurs, quand elle est tenue d'être la première à assister à la messe.

Enfin, Artus Désiré attribue une place conséquente au corps judiciaire dans ces articles de la paix. Il s'agit de choisir les membres de l'administration judiciaire en fonction de leurs capacités, leur catholicité et leur édification. Il leur revient d'appliquer la justice royale, selon les lois instituées par le roi et son conseil, de manière implacable.

L'APPLICATION IMPLACABLE DE LA JUSTICE ROYALE

C'est ainsi que Désiré conçoit la lutte contre l'adversaire confessionnel dans ce texte. À travers ces quatrains, il définit le protestantisme tel qu'il lui apparaît ; ce ne sont d'abord que des luthériens, parce qu'il emploie les termes de luthériens et calvinistes de manière indifférenciée. Ce sont ceux qui lisent des « livres réprouvés » (art. 49, fº 12 r) tels que des

27 *Ibid.*, fº 7 r.

traductions de la Bible, l'Institution chrétienne de Calvin ou les Psaumes de Marot, ou qui se réunissent en « conventicules » (art. 48, f° 12 r). Ce sont également ceux qui ne reconnaissent pas l'autorité du Pape ou qui nient le culte des saints (art. 25, f° 10 r). Désiré souligne l'importance de l'oralité dans la diffusion des idées réformées lorsqu'il demande l'expulsion des « predicans de faulce doctrine » (art. 46-47, f° 12 r) pour empêcher leur prédication. De plus, il leur associe l'accusation classique de blasphème : là encore c'est l'oralité qui prime. Désiré n'hésite pas à invoquer les châtiments qui attendent les blasphémateurs et à réclamer la systématicité de leur application.

> [29] Que lon punisse les blasphemes
> Et qu'on commence au plus supremes
> Qui en sont taches & infaictz,
> Si en France on veult avoir paix.
>
> [30] Que la langue aux meschans on couppe
> Ou que la bouche on leur estouppe
> D'un bouchon infait & punaix,
> Si en France on veult avoir paix[28].

Si les mutilations qu'il propose sont fondées légalement, elles demeurent extrêmement rares dans la pratique.

Désiré fait montre dans ce texte d'une véritable obsession pour la question de la punition des crimes et péchés. Le verbe punir apparaît dans six des cinquante-trois articles (art. 1, 22, 29, 31, 37 et 45), auxquels s'ajoutent les cinq mentions du bûcher, châtiment exemplaire infligé en cas d'hérésie :

> [23] Que tout Lutherien immunde
> Soit bruslé, & je vous prometz
> Que je suis content qu'on me tonde,
> Si nous n'avons bien tost la paix.
> [25] Que tous ceux qui seront attains
> D'avoir parler contre les sainctz
> Qu'ils soient brusles a petit feu
> Et nous aurons la paix de Dieu[29].
> [46] Faictes rotir sus les charbons
> Predicans de faulce doctrine

28 F° 10 v.
29 f° 10 r.

Ensemble toute leur vermine
Et la paix de dieu nous aurons.
[48] Prenez ceux des conventicules
De nuict aux conciliabules
Et les mettez tous dans le feu,
Et nous aurons la paix de Dieu.
[49] Si aucuns d'entre eux sont trouves
Saisis de livres reprouvez
Bruslez les selon l'ordonnance
Et nous aurons la paix en France[30].

Toutefois, si le bûcher est le châtiment traditionnellement requis contre les hérétiques, tous les faits s'accordent pour signaler leur rareté par rapport au nombre de procès pour hérésie intentés, les juges étant peu enclins à prononcer des peines si lourdes.

Ainsi, c'est une citation de l'adresse à Simon Fizes que je vais employer ici pour conclure. Il y est écrit au sujet de la paix que « Le vray moyen pour nous en rendre dignes / Ne gist en loix, ne en trop grand scavoir, / Mais seulement en juste & bon debvoir / Faire purger par les Juges supresmes[31] ». Désiré recherche l'application d'une justice agressive, implacable mais salutaire qui n'est en réalité pas que celle du royaume, mais qui dépasse ses frontières : plus que l'exercice d'un devoir monarchique, il s'agit pour chacun des fidèles chrétiens d'exécuter leur devoir moral selon les lois chrétiennes. Désiré n'aura pas de repos tant que l'ennemi n'aura pas été défait par un châtiment divin :

> Mais si nous voulons estre preservez de la furie de telle guerre & enrichiz du thresor de Paix, tant avec Dieu qu'avec les hommes il fault que ceux qui sont enroollez au nombre des Enfans de Dieu, & qui n'ont forligué de son Église pour suyvre les sectes estrangeres, se repentent en pleurs & larmes, d'avoir laschement brisé ce sainct traicté de paix : & pour l'advenir garder soigneusement & en toute obeissance la Loy divine. Et ce faisant nostre Dieu nous visitera de sa grace, qui nous sera un mur d'erain impenetrable, & un tresseur boullement contre noz ennemis : Lesquelz en fin fera esvanouir comme fumée devant la face des humains[32].

30 F° 12 r.

31 *Les articles du traicte de la paix, entre Dieu & les hommes, Articulez par Artus Desiré. A Monsieur Fizes, Conseiller du Roy, & Secretaire de ses Finances*, Paris, Pierre Gaultier, 1558, f° 1 v.

32 *Les articles du traicte de la paix, entre Dieu & les hommes, Articulez par Artus Desiré*, Paris, Pierre Gaultier, 1562, f° 3 v.

Fidèle aux idées qu'il propage dans ses autres pamphlets, Désiré est un défenseur acharné de la tradition catholique contre l'hérésie, des autorités biblique et patristique contre les nouveautés réformées : l'immuabilité fait figure d'ordre.

Manon Gac
Doctorante, Centre d'études supérieures de la Renaissance, Université de Tours

JUGER LE DÉSORDRE CONJUGAL POUR RÉTABLIR L'ORDRE MORAL (1530-1630)

En 1563, l'Église, suite au Concile de Trente, réaffirme le caractère consensuel de l'union matrimoniale dans l'intention d'éviter aux « mal mariés » les tourments d'une alliance non désirée. En effet, depuis le début du XVIe siècle, le mariage apparaît plus que jamais comme une affaire d'intérêt général[1]. Juristes et théologiens s'inquiètent alors de la recrudescence des conflits conjugaux, dont la virulence met en péril l'ordre social. La volonté de l'Église et du pouvoir séculier de s'immiscer dans le gouvernement domestique est également révélatrice d'un souci plus large de réguler les violences interpersonnelles. La pacification des comportements privés à la Renaissance participe ainsi d'un « procès de civilisation » (*cf.* N. ELIAS) qui exige un contrôle accru sur les familles[2].

Paradoxalement, malgré cette volonté de contenir le désordre des ménages, la période est propice au développement d'un discours sur la « lutte pour la culotte ». Ce *topos* aux accents carnavalesques est destiné à susciter le rire mais aussi à mettre les maris en garde contre la trahison féminine. Ce lieu commun révèle également un souci de contrôler la sexualité et la violence des femmes. Il doit donc être pensé comme un phénomène culturel mais aussi comme la manifestation d'une préoccupation sociale liée au renouveau de la pensée matrimoniale. Il s'agit donc, ici, de comprendre la double fonction – punitive et symbolique – des procès faits aux couples à l'envers. Cela exige de mettre en relation les sources judiciaires et les discours normatifs de la première modernité.

---

1 J. Gaudemet, « Un débat de société à propos du mariage au Concile de Trente. Pacte de famille ou choix d'un conjoint », *Le mariage au temps de la Renaissance*, Paris, Klincksieck, 1993, p. 102.

2 N. Elias, *La civilisation des mœurs*, trad. par Pierre Kamnitzer Paris, Pocket, 2002.

Pour mettre en évidence la place de la querelle domestique dans la culture du XVIe siècle, nous consacrerons une première partie à la notion de puissance maritale et au devoir de soumission des épouses. Nous analyserons ensuite la façon dont la justice s'est saisie du thème de la « mégère » et du mari battu afin de rétablir son contrôle sur la famille. Enfin, une dernière partie sera consacrée aux châtiments judiciaires et extrajudiciaires destinés à punir les époux en conflit et à rétablir l'ordre moral.

LE GOUVERNEMENT DOMESTIQUE AU DÉBUT DE L'ÉPOQUE MODERNE

Au début de l'Époque Moderne, l'Europe est le terrain d'une importante controverse sur la question de l'égalité des sexes : la « querelle des femmes[3] ». Au XVIe siècle, alors que la condition juridique des femmes se dégrade, juristes, théologiens et médecins se penchent sur la question de leur accès à l'éducation, de leur pouvoir politique, et de leur statut marital. Ainsi, entre 1500 et 1630, une soixantaine de traités matrimoniaux sont publiés dans toute l'Europe[4]. De nombreux auteurs misogames y mettent en garde les couples contre le désordre conjugal.

PUISSANCE MARITALE ET DROIT DE CORRECTION

En 1622, dans les *Procès civils et criminels*, le juriste Claude Le Brun de la Rochette définit le mariage comme « la conjonction de l'homme & de la femme, contenant une indissoluble société de vie[5] ». Toutefois, le lien conjugal ne signifie pas l'égalité juridique des époux. En effet, dans le

3 Le terme aurait été inventé par l'érudit Arthur Piaget en 1888, dans sa thèse consacrée à Martin Le Franc. À ce sujet voir E. Viennot et N. Pellegrin, « Revisiter la "querelle des femmes" : mais de quoi parle-t-on ? », *Revisiter la « querelle des femmes » : discours sur l'égalité-inégalité des sexes, de 1750 aux lendemains de la Révolution, Colloque*, Paris, 8 novembre 2008, Saint-Étienne, Publications de l'Université de Saint-Étienne, 2012, p. 3.

4 E. Viennot, « La querelle des femmes ». URL : http://www.elianeviennot.fr/Querelle-corpus.html. Consulté le 11/04/2017.

5 C. Le Brun de La Rochette, *Les Procès civil et criminel : contenans la méthodique liaison du droict, et de la practique judiciaire, civile et criminelle, reveus, corrigez et augmentez par l'autheur en cette dernière édition… plus l'Eslection ou De la Jurisdiction des esleus*, Lyon, P. Rigaud, 1622, Livre II, p. 142.

droit coutumier médiéval puis dans le droit écrit, l'épouse demeure *sub mari potestate*. En quittant le foyer paternel, la jeune fille se range sous la tutelle de son mari. Cette clause inspirée du droit romain et qualifiée de Velléien, empêche les femmes de s'obliger pour autrui : même à l'âge adulte, elles conservent une forme de minorité juridique. En France, le Velléien est mentionné dès 1513 par le juriste André Tiraqueau : « *H[a-]ec igitur prima lex in matrimonio sanciant : Viri uxorib[us] imper[an]to uxores viris obedi[un]to*[6]. » L'obéissance féminine apparaît ainsi, dans le *De Legibus Connubialibus*, comme la première loi du mariage. La contrainte qui pèse sur les femmes mariées s'accentue au cours du XVIe siècle. Ce contrôle accru du droit sur les affaires privées peut s'expliquer à la lumière d'une nouvelle conception de la souveraineté politique. Jean Bodin, dans les *Six Livres de la République* (1576), fait par exemple de la famille le reflet de l'État :

> Tout ainsi donc que la famille bien conduite, est la vraye image de la Republique, & la puissance domestique semblable à la puissance souveraine [...] aussi les familles estants bien gouvernees, la Republique ira bien[7].

Dans cette optique, le *paterfamilias*, est le souverain du royaume domestique et le garant de l'ordre familial. Son épouse, en tant que sujet, lui doit donc obéissance et respect. Le cas échéant, le mari est autorisé sous certaines conditions à faire usage de la force. Cette police correctionnelle apparaît dans le droit coutumier dès le XIIe siècle. Philippe de Beaumanoir y consacre notamment un article dans les *Coutumes et usages du Beauvaisis* en 1283[8]. Si le droit de correction est progressivement remis en cause au XVIe siècle, certains auteurs continuent à en défendre l'usage. En 1583, le cordelier Jean Benedicti estime par exemple dans *La Somme des pechez et le remède d'iceux* qu'un mari qui refuse de châtier une épouse désobéissante déroge à son devoir : « Si le mary lasche la bride à sa femme, la laissant faire mal, se farder pour plaire aux hommes, & faire autres excès sans la reprendre, il pêche, à tout le moins vénielement : car il est

6 A. Tiraqueau, *Ex Commentariis in Pictonum consuetudines sectio de Legibus connubialibus, diligenter recognita & tersa erasis videlicet spurcitiis nuper per dolum frauenmque insertis*, s. l., s. n., 1515, f° 8r. Traduction : « voici donc la première loi du mariage : les hommes doivent commander aux femmes et les femmes obéir à leurs maris ».

7 J. Bodin, *Les Six livres de la République de J. Bodin, ...*, Paris, J. Du Puys, 1577, p. 8.

8 P. de Beauvaisis, *Coutumes de Beauvaisis. T. 2 / Philippe de Beaumanoir ; texte critique publié avec une introduction, un glossaire et une table analytique, par Am. Salmon, ...*, Paris, A. Picard et fils, 1899, p. 334-335.

tenu de la corriger, attendu que selon l'Escriture, l'homme est le chef de la femme[9]. » À la Renaissance, la sujétion volontaire de l'épouse à son mari est l'un des fondements de la structure familiale. Lorsque cette dernière refuse de s'y soumettre, l'ordre domestique est en péril.

LE PÉRIL GYNÉCOCRATE, UN LIEU COMMUN DE LA CRITIQUE MISOGAME

C'est sa position souveraine qui donne au mari toute légitimité pour exercer une justice privée. Mais puisque l'épouse est simple sujette, il lui est interdit d'agresser physiquement son époux ou, plus grave encore, de s'emparer du pouvoir domestique. Dans un article de 1999, l'historienne Dorothea Nolde souligne ainsi que « dans une conception dichotomique du pouvoir, toute insoumission, toute désobéissance est automatiquement assimilée à une tentative de "prendre le dessus" et par conséquent, à un acte d'agression[10] ». Le thème du couple à l'envers subit au XVIe siècle un traitement ambivalent, à la lisière du sérieux et du comique. D'une part, les auteurs misogames mettent en garde les maris contre l'*hybris* démesurée des femmes que leur tempérament et leur imbécillité naturelle poussent à la cruauté et à la trahison. Ces derniers justifient la prééminence masculine au moyen d'arguments médicaux, juridiques mais surtout théologiques. Outre le récit de la création d'Ève dans la Genèse, ils s'appuient sur la *Première Épître à Timothée* de Saint Paul (II, 11-13) pour légitimer la répartition des tâches domestiques :

> Je ne permets point aux femmes d'enseigner, ni de prendre autorité sur leurs maris ; mais je leur ordonne de demeurer dans le silence. Car Adam a été formé le premier, et Ève ensuite.

D'autre part, le mari soumis, objet d'une émasculation symbolique, « est exhibé comme la chose *dont on doit se moquer* » (*cf.* V. VANNEAU)[11].

---

9 J. Benedicti, *La Somme des péchés et le remède d'iceux*, Paris, Arnold Sittart, 1587, P. 98. Cet article (n° 28) se trouve au début du chapitre III du IVe commandement, « Les pechez des maris envers leurs femmes qui se commettent contre ce quastriesme commandement ».

10 D. Nolde, « Violence et pouvoir dans le mariage. Le rapport conjugal dans les procès pour meurtre du conjoint devant le Parlement de Paris, à la fin du XVIe siècle », *Royaume de Fémynie : pouvoirs, contraintes, espaces de liberté des femmes, de la Renaissance à la Fronde*, Paris, Honoré Champion, 1999, p. 121-133.

11 V. Vanneau, « Maris battus, femmes violentes : justice et société face à l'interversion des rôles conjugaux au XIXe siècle », *Violences conjugales : rapports de genre, rapports de force*,

En effet, au sein du foyer, la virilité du mari s'exprime symboliquement dans sa capacité à commander. L'épouse, en s'en prenant à l'autorité de son conjoint, remet en cause sa nature d'homme. En 1613, dans ses *Questions illustres*, l'avocat Julien Peleus qualifie ainsi les maris soumis de « trop uxoriens », c'est-à-dire efféminés[12]. L'interversion des rôles conjugaux est donc littéralement une situation « monstrueuse ». Un quatrain de 1578, placardé dans les rues lyonnaises à l'initiative d'une abbaye de jeunesse, dénonce ainsi une violation choquante de l'ordre divin : « C'est un monstre contre nature / Celuy que sa femme bien bat, / Il n'est digne d'estre en combat / De telles gens nous n'avons cure[13]. »

Le couple en conflit, image du « monde à l'envers », représente un danger pour l'équilibre social. La justice tente donc, dès le XVIe siècle, de réguler les relations conjugales pour rétablir la paix des ménages.

LE CONFLIT CONJUGAL SAISI PAR LA JUSTICE

Malgré sa fortune littéraire, la violence domestique féminine est un phénomène difficilement perceptible. Les archives restent le plus souvent silencieuses, du moins lorsque la brutalité de l'épouse ne dépasse pas les coups et les insultes. En revanche, lorsque la querelle se conclut par l'homicide du mari, la justice se montre inflexible. Les procès pour uxoricide laissent parfois transparaître le quotidien, entre conflit et compromis, des couples. Ainsi, rappelle l'historienne Victoria Vanneau « l'archive judiciaire, pour peu qu'on daigne ne pas y chercher une réalité effective des violences conjugales, autorise [...] l'intrusion dans cet entre-deux singulier[14]. »

Rennes, Presses universitaires de Rennes, 2012, p. 50.

12 J. Peleus, *Les Plaidoyers de Maistre Julien Peleus, avocat au Parlement*, s. l., F. Huby, 1613, p. 10.

13 Anonyme, *Recueil de la chevauchée faicte en la ville de Lyon, le dix-septiesme de novembre 1578, avec tout l'ordre tenu en icelle*, Lyon, C. Bouilland, 1578, « Lesdicts supposts donnoyent ses Quatrains par la ville ».

14 V. Vanneau, « Maris battus, femmes violentes : justice et société face à l'interversion des rôles conjugaux au XIXe siècle », *Violences conjugales*, *op. cit.*, p. 54.

LE MARI BATTU, AUX MARGES DES ARCHIVES JUDICIAIRES

Dans la seconde moitié du XVIe siècle, les crimes conjugaux remplissent les pages des imprimés de faits divers. En 1620, un canardier anonyme s'alarme, au début du *Discours véritable d'un homme, qui a esté battu par sa femme, & deux de ses enfans*, de la recrudescence du phénomène : « la chose n'est pas si extraordinaire : mais la fréquence d'icelle la rend d'autant plus abominable, qu'elle est si souvent practiquée[15]. » Or la lecture des archives criminelles semble démentir cette affirmation puisque le mari battu est presque absent des arrêts rendus par la justice. Pour espérer trouver mention de violences domestiques féminines, il faut ainsi se pencher sur les procès en appel ou les lettres de rémission produits dans le cadre d'homicides conjugaux. En effet, la honte éprouvée par ces hommes atteints dans leur virilité, les dissuade le plus souvent de porter plainte. En 1587, Nicolas de Cholières relate dans ses *Après disnées* le cas d'un homme battu par sa femme qui « de la faire appeler en jugement [...] n'osoit, tant pour la honte qu'il eut receu, & pour la qualité de pouilleux, & de n'avoir sceu dompter sa femme[16] ». Si l'un des époux décède, en revanche, le témoignage de l'entourage s'avère une précieuse source d'information sur la nature de leur relation. Mais dans ces conditions, il est impossible d'établir des statistiques fiables sur ce phénomène marginal. Les conditions de production des sources judiciaires compliquent encore la tâche. Par exemple, les lettres de rémission, remarquables par leur forme narrative, revêtent néanmoins un caractère fictionnel. Le suppliant choisit ainsi de donner un compte-rendu flatteur des évènements, propre à susciter la pitié. C'est le cas du pardon octroyé en 1535 à François Thorel pour l'homicide de son épouse, Anceliz Lanvin. Conservée aux Archives Nationales, cette rémission détaille minutieusement les humiliations physiques et psychologiques subies des mois durant par le suppliant afin que celui-ci obtienne grâce pour son crime. La structure de la lettre est particulièrement subtile. À la cruauté de l'épouse « outrageuse », le notaire oppose la bienveillance du mari. Anceliz est ainsi accusé d'avoir battu François avec divers ustensiles domestiques :

---

15 Anonyme, *Discours véritable d'un homme, qui a esté extrêmement battu par sa femme & deux de ses enfans*, Lyon, F. Yurad, v. 1620, p. 3.

16 N. de Cholières, *Les Après disnées du Seigneur de Cholières*, Paris, J. Richer, 1588, f° 54 v. Cette citation est extraite du chapitre « Du mariage, s'il vaut mieux n'estre marié que l'estre ».

> Le<dict> supp<liant> souppoit en sa maison avec elle paisiblement sans luy faire mal ne desplaisir, demanda a boyre du vin qu'elle tenoit en une bouteille de verre ; ce qu'elle ne luy voullut bailler. Ainsi dist qu'elle luy en donneroit par la teste ce qu'elle feist. Et de faict luy rua furieusement la<dicte> bouteille a la teste et rompist la<dicte> bouteille et respandit le vin sur le visaige du<dict> supp<liant>.

L'accusé se saisit ensuite d'un couteau avant de le retourner contre son épouse. C'est finalement l'absence de préméditation, mais surtout l'attitude agressive de la femme, qui permettent au prévenu d'échapper à l'exécution. En revanche, la justice se montre beaucoup moins indulgente envers les épouses uxoricides ; d'ailleurs absentes des rémissions.

LE MEURTRE DU CONJOINT DANS L'IMAGINAIRE CRIMINEL DE LA PREMIÈRE MODERNITÉ

Dans l'imaginaire criminel de l'Époque Moderne, l'uxoricide symbolise le dernier degré des violences domestiques féminines. Par exemple, en 1564, Jean de Marconville, estime au chapitre 10 de *L'Heur et Malheur de mariage* qu'une épouse désobéissante est une meurtrière en puissance :

> Coustumierement les femmes sont plus difficiles & fascheuses que ne sont les hommes, & mesmes si dissolües & detravées qu'elles ne se sont seulement contentées d'avoir violé l'honneur matrimonial, mais beaucoup se sont trouvées qui ont tué, meurtry, ou empoisonné leurs maris[17].

Dans la seconde moitié du XVIe siècle, la « veuve noire » devient un lieu commun de la satire misogame. Dans le même temps, le droit écrit ménage une place spécifique aux meurtres intra-familiaux. Le juriste Jean Papon, dans son *Recueil d'arrests notables des cours souveraines de France* (6e édition) consacre par exemple un article à l'« Homicide du mari au conseil et consentement de la femme, & au contraire[18] ». Ce dernier y mentionne 6 arrêts, tous prononcés contre des épouses uxoricides. Ce déséquilibre dans la perception des homicides conjugaux est révélateur d'une certaine conception de la violence féminine. Le discours sur la « cruelle belladone », qui empoisonne son mari avec la complicité de son amant se

17 J. de Marconville, *De l'Heur et Malheur de mariage : ensemble les lois connubiales de Plutarque traduictes en françois*, Lyon, par B. Rigaud, 1573.

18 J. Papon, *Recueil d'Arrests notables des cours souveraines de France*, Lyon, J. de Tournes, 1585, p. 768.

développe alors considérablement. En 1534, dans les *Controverse des sexes masculin et féminin*, l'avocat Gratien du Pont, reprend ce lieu commun dans une strophe intitulée « Comment les femmes tuent leurs maritz » :

> Les ungs en sont : meurtriz et traistrement / De leurs paillards : pour leur commandement / De coupz de main : ou estranglez au lyct / Pour mieulx : a laise cuyder prendre delict. / Aultres en meurent : De venyn et poyson / Quelles leur baillent : par grande trahyson[19].

Toutefois, les statistiques criminelles révèlent une réalité plus nuancée. Claude Gauvard, dans le catalogue de la récente exposition « Présumées coupables » (Archives Nationales, nov. 2016-mars 2017), insiste ainsi sur le « décalage entre la réalité du crime féminin et son imaginaire[20] ». Ainsi, seuls 11 % des homicides sont commis par des prévenus du sexe dit « faible[21] ». Néanmoins, le nombre de femmes jugées en appel pour meurtre du conjoint devant le Parlement de Paris entre 1580 et 1620 (97) est presque équivalent au nombre d'hommes comparus pour le même crime (106)[22]. Lorsqu'on regarde de plus près, cependant, l'image de l'empoisonneuse adultère ne tient guère face à la réalité judiciaire. Seules 19 % des inculpées ont effectivement usé de poison ou de venin pour exécuter leur dessein. Mais elles sont tout aussi nombreuses à avoir joué du couteau et ce en dépit du tabou lié à l'emploi d'armes tranchantes par les femmes[23]. De même, si la justice présuppose bien souvent que l'adultère est le mobile du crime, il semble que l'amant ne représente qu'un tiers des complices mentionnés dans les procès-verbaux du Parlement de Paris. L'obsession pour le comportement sexuel des femmes et leur caractère « vénéfique » est lié à la nature même de l'uxoricide : crime de haute-trahison, il brise les liens sacrés du mariage et cause la ruine du corps social.

---

19 G. Du Pont, *Les Controverses des sexes masculin et féminin*, Toulouse, J. Colomiés, 1534, f° 89 v.-90 r.

20 C. Gauvard *et al.*, *Présumées coupables : les grands procès faits aux femmes*, Paris, l'Iconoclaste : Archives nationales, 2016, p. 12.

21 C. Gauvard, *« De grace especial » : crime, état et société en France à la fin du Moyen Âge*, Paris, Publications de la Sorbonne, 2010, p. 316.

22 D. Nolde, « Violence et pouvoir dans le mariage. Le rapport conjugal dans les procès pour meurtre du conjoint devant le Parlement de Paris, à la fin du XVIe siècle », *op. cit.*, p. 122.

23 A. Fine, « Alain Testart, L'amazone et la cuisinière, anthropologie de la division sexuelle du travail » | Christophe Darmangeat, Le communisme primitif n'est plus ce qu'il était. « Aux origines de l'oppression des femmes » suivi de « Une histoire de famille », *Clio. Femmes, Genre, Histoire*, n° 42, 1er décembre 2015, p. 321-321.

LA RÉGULATION DES COMPORTEMENTS PRIVÉS

Dorothea Nolde, dans son étude consacrée au meurtre du conjoint, a montré que « la violence conjugale n'est jamais un acte unilatéral[24] ». Celle-ci met en scène des mécanismes complexes reposant sur des rapports de domination et de soumission. Dans la mesure où la famille est le fondement de l'État, la société considère que le mari humilié et l'entourage sont aussi coupables que l'épouse rebelle. Ils partagent donc logiquement son châtiment.

L'UXORICIDE, UN CRIME DE LÈSE-MAJESTÉ

Jusqu'à la fin du Moyen Âge, le meurtre de l'épouse est considéré avec une relative indulgence, du moins lorsqu'il est justifié par le mauvais comportement de celle-ci. Au XVIe siècle encore, plusieurs juristes s'appuient sur le droit romain afin de justifier l'assassinat de la femme adultère. Jean Papon fait même de ce type de vengeance privée un crime rémissible dès lors que l'épouse a souillé le lit conjugal et mis en péril la continuité de la lignée[25]. À l'inverse, la femme uxoricide est jugée sans complaisance. La portée symbolique de l'homicide conjugal explique en partie la sévérité des tribunaux. En effet, selon les mots de l'avocat Julien Peleus, le mari est « l'esprit, le père, & le chef de la femme[26] ». Toute agression contre sa personne est donc considérée comme un parricide mais surtout comme une trahison. L'auteur du *Discours veritable d'un homme qui a esté battu par sa femme* (1620) va jusqu'à qualifier l'insurrection de l'épouse de « lese majesté divine & humaine[27] ». Or, dans la mesure où l'ordre familial est le reflet de la structure monarchique, la législation d'Ancien Régime prévoit un renforcement des

24 D. Nolde, « Le rôle de la violence dans les rapports conjugaux en France, à la fin du XVIe siècle et au début du XVIIe siècle », *Le désir et le goût : une autre histoire (XIIIe-XVIIIe siècles)*, Saint-Denis, Presses Universitaires de Vincennes, 2005, p. 310.

25 N.Z. Davis, *Pour sauver sa vie : les récits de pardon au XVIe siècle*, trad. C. Cler, Paris, Éd. du Seuil, 1988, p. 38 et p. 194.

26 J. Peleus, *Les Plaidoyers de Maistre Julien Peleus, avocat au Parlement*, *op. cit.*, p. 11.

27 Anon., *Discours veritable d'un homme, qui a esté extrêmement battu par sa femme & deux de ses enfans*, *op. cit.*, p. 4.

sanctions contre les atteintes à la puissance domestique[28]. L'uxoricide, de même que l'empoisonnement, est donc un « crime énorme », passible de mort. La lecture des imprimés de faits divers donne une idée des peines encourues par les épouses homicides. Sur seize affaires relevées entre 1580 et 1634, cinq des accusées sont pendues, quatre sont décapitées et deux d'entre elles sont brûlées vives. Ces condamnations sont parfois assorties de peines complémentaires, en particulier lorsque la prévenue est également coupable d'adultère. En 1609, une certaine Ayme est accusée d'avoir ordonné l'assassinat de son époux, le capitaine d'Aubonne, avec la complicité de son serviteur et amant Jean Roch[29]. Ce dernier est fouetté, écartelé puis décapité. Ayme, en fuite, est condamnée au bûcher par contumace : son effigie est ainsi brûlée en place publique. Les trois assassins payés par Jean sont, quant à eux, décapités sur le lieu même du forfait.

S'il n'est guère difficile de trouver des condamnations pour uxoricide, les sources judiciaires restent cependant muettes sur le châtiment infligé aux épouses ayant battu leur mari.

LE CHÂTIMENT SYMBOLIQUE DU COUPLE À L'ENVERS

Le faible nombre d'arrêts rendus contre les épouses violentes s'explique bien sûr par la répugnance des maris battus à porter plainte. Mais cela ne signifie pas que les mégères échappaient à toute condamnation. En effet, lorsque la justice échouait à rétablir l'ordre moral, la communauté prenait parfois le relais au cours de procédures extrajudiciaires. Ces dernières, qui pouvaient aller de la simple humiliation au règlement de compte, sont retranscrites dans certains imprimés de colportages. La BnF conserve par exemple plusieurs *Défenses aux femmes de ne plus battre leur mary* publiées au début du XVIIe siècle. Si l'une d'elles prévoit simplement une amende de 48 livres en cas de violation de l'ordonnance[30], d'autres établissent des

---

28 B. Garnot, « La législation et la répression des crimes dans la France moderne (XVIe-XVIIIe siècle) », *Revue historique*, vol. 293, n° 1, 1995, p. 76.

29 Anonyme, *Cruauté horrible et épouvanstable perpétrée contre Jacques Puget, dit Capitaine d'Aubonne, à la sollicitation d'Ayme sa femme, & de Jean Roch son serviteur & paillard*, Lyon, Gounin Joly et Guichard Pailly, 1610, p. 11.

30 Anonyme, *Le Règlement et la sentence rendue : et défense soit faite à toutes les femmes de quelle quallité et condition qu'elles soient du royaume de France et hors du royaume de ne plus gourmander ny batte leur mary à peine de quarente-huict livre et trois liards d'amende pour la première publication*, s. l., s. n., début du XVIIe siècle.

peines pour le moins surprenantes. L'un de ces placards, daté de 1518 met ainsi en place une « riposte graduée » faite de privations et d'abstinence sexuelle[31]. La dimension souvent facétieuse de ces textes peut faire douter de l'effectivité de ces peines. Toutefois, certaines d'entre elles sont avérées. La plupart du temps cependant, c'est le mari soumis et non la mégère qui est visé par ces poursuites. En effet, sa position d'autorité dans le foyer le rend responsable des actes commis par son épouse. Coupable de s'être laissé battre, il encourt la réprobation de la communauté. Celle-ci s'exprime au cours de rites carnavalesques, destinés à dénoncer le renversement de l'ordre du monde. Ainsi en 1634, un mari émasculé par sa femme est condamné à lui céder la culotte, symbole de son autorité : « un nombre de bons compagnons [...] porterent, sçavoir au mary une quenoüille, & à la femme un haut de chausses[32]. » Ce type de châtiment humiliant est comparable aux chevauchées sur l'âne organisées dans toute l'Europe par les abbayes de jeunesse. Les remarquables travaux de Natalie Zemon-Davis ont permis d'éclairer la fonction cathartique et dissuasive de ces rites festifs au cours desquels le mari battu était travesti et contraint de monter un équidé à l'envers[33]. En 1609, un certain Claude Noirot explique que cette peine pouvait également être infligée à l'entourage lorsque celui-ci avait refusé d'intervenir dans les affaires domestiques du voisinage[34]. Il arrivait que les chevauchées se terminent dans la violence, si bien qu'elles furent d'ailleurs interdites à Auxonne dès 1607 à cause des débordements qu'elles occasionnaient[35]. Cependant, elles remplissaient leur fonction : rappeler ce qu'il en coûtait de lâcher la bride aux femmes et surtout rétablir la hiérarchie sexuelle et sociale.

Sous l'influence du sociologue Pierre Bourdieu, les *gender studies* ont entrepris d'expliquer les différences perçues entre les sexes par des

---

31 Anonyme, *Le Vieillard jaloux tombé en rêveries, A la loüange des cornes. Avec une expresse deffence aux femmes de ne plus battre leurs maris sur les peines y mentionnez*, Paris, s. n., 1618, p. 12.

32 Anonyme, *Les Cruautés inhumaines d'une femme de Paris, nouvellement exercées sur la personne de son mari, et le sujet pourquoi. Le dimanche 19 février 1634*, Paris, s. n., 1634, p. 14-15.

33 N.Z. Davis, *Les cultures du peuple : rituels, savoirs et résistances au 16e siècle*, Paris, Aubier-Montaigne, 1979.

34 C. Noirot, *L'Origine des masques, mommerie, bernez et revennez ès jours gras de Caresmeprenant*, Lengres, J. Chauvetet, 1609, p. 51.

35 P.J. Brillon, *Dictionnaire des arrêts, ou jurisprudence universelle des parlements de France*, Paris, Guillaume Cavelier, Michel Brunet, Nicolas Gosselin, Guillaume Cavelier fils, 1727, vol. III, p. 693.

rapports de pouvoir et d'inégalité. Dans cette logique, les relations de couple ont été étudiées, jusqu'à récemment, sous l'angle d'une logique dominant-dominé[36]. Cela explique dans une certaine mesure l'abondante bibliographie consacrée aux violences conjugales depuis les années 1970. À l'inverse, la violence féminine est mise à distance. En effet, dans les discours normatifs de la Renaissance, la femme est d'abord perçue comme une épouse et une génitrice vouée aux tâches domestiques. Lorsque les représentations culturelles s'intéressent à l'adultère ou à l'uxoricide, c'est pour mieux en évacuer la réalité. La mégère et le mari battu, dans la mesure où ils brouillent la hiérarchie sexuelle, sont donc systématiquement représentés par le biais de la caricature. Toutefois, la condamnation du couple « à l'envers » se pare également d'un enjeu social. En effet, puisque le *paterfamilias* exerce un pouvoir d'ordre monarchique sur sa famille, la communauté ne saurait tolérer la remise en cause de son autorité. En 1998, dans la *Domination masculine*, Pierre Bourdieu souligne ainsi que :

> L'accès au pouvoir, quel qu'il soit, place les femmes en situation de *double bind* : si elles agissent comme des hommes, elles s'exposent à perdre les attributs obligés de la « féminité » et elles mettent en question le droit naturel des hommes aux positions de pouvoir[37].

Ce brouillage volontaire entre droit naturel et droit positif explique, dans une certaine mesure, la double fonction des procès pour violences domestiques ; à savoir rétablir le mari dans son gouvernement et remettre, symboliquement, le monde à l'endroit.

Charlotte FUCHS
Doctorante, Centre d'études
supérieures de la Renaissance,
Université de Tours

36 C. Regina, *La violence des femmes : histoire d'un tabou social*, Paris, Max Milo, 2011, p. 31-33.
37 P. Bourdieu, *La domination masculine*, Paris, Seuil, 1998, p. 96.

TROISIÈME PARTIE

LES APPARENCES DU DÉSORDRE

APOLLINIEN ET DIONYSIAQUE À LA RENAISSANCE

Le nain : figure de la belle laideur de la peinture italienne

Le leitmotiv de la peinture italienne renaissante est la restauration d'une beauté venue des modèles antiques à peine exhumés[1], qui font valoir une beauté sereine et mesurée ou au contraire, un tourbillonnement de passions[2]. La lecture des philosophes antiques conduit en conséquence à une réévaluation de cette beauté, où une vision scientifique se calque sur l'appréciation émotionnelle, où les mathématiques s'esthétisent en proportions parfaites[3]. En comparaison avec l'art hiératique du Moyen Âge où la lisibilité, donc une beauté essentiellement morale et spirituelle, l'emportait sur une beauté physique, la Renaissance instaure le beau comme degré de fidélité au réel. Reprenant les *desiderata* de l'art gréco-romain[4], la représentation naturaliste de la beauté doit correspondre à un canon, quitte à préférer une compilation de corps parfaits à une représentation fidèle du corps humain, évacuant les défauts et particularismes. Science anatomique et mathématiques sont en compétition : à une époque où l'art pictural devance les sciences anatomistes, le corps est une œuvre divine

1 L'archéologie connaît un réel engouement à la Renaissance, à l'instar des fouilles commandées par Jules II en 1506.

2 Notamment entre l'esthétique de la période classique (Ve siècle av J.-C. à -323) et la période hellénistique (-323 à -30).

3 Grâce à la relecture des *Éléments* d'Euclide, dont le Livre V porte sur les proportions dans les grandeurs et le Livre XIII sur la section dorée, ou encore les théories géométriques de Pythagore.

4 Le corps est jeune, athlétique, harmonieux – on entend par harmonie la mesure, c'est-à-dire une proportion parfaite entre les membres mais également la convenance au personnage représenté. Bien que l'on ne possède pas de traité d'esthétique, le traité de rhétorique d'Aélius Théon, *Progymnastra* (Ier siècle), donne en creux les ambitions des arts représentatifs. Il met l'importance de la description au cœur de l'un de ses chapitres, ainsi que la distinction nette entre les parties selon leur hiérarchie et l'adaptation du discours à ce qui est présenté.

qu'il n'appartient pas à l'homme de contester. Les réflexions théologiques se calquent sur la volonté d'un corps humain parfait : l'homme est fait à l'image de Dieu. La perfection est ordre et une vision mathématique vient lui donner une épaisseur scientifique. La beauté n'est pas uniquement dogmatique ou fruit d'une expérience visuelle abstraite, elle est recouverte d'une réalité sensible qu'est la loi mathématique, elle est qualitative et mesurable, même prévisible. La proportion est l'esthétisation de ce que les philosophes antiques ambitionnaient, une obéissance totale du fonctionnement de l'univers à la loi mathématique. La beauté n'y fait pas exception et les artistes renaissants se réclament de ce dessein. L'ordre contre le chaos est un repère essentiel pour l'expérience de la beauté. C'est la vision apollinienne, où la beauté physique fait écho à la rigueur et à la rectitude morale. Son contraire, la vision dionysiaque, est la transgression de toute règle, la dépravation alliant démesure et extravagance. Sa représentation repose sur un mouvement incessant, inconvenant, grandiloquent, sur des formes et des poses provocatrices. Cherchant l'extase des sens, le corps représenté témoigne des ravages de l'âge et de l'abus des plaisirs terrestres. Bien que les termes n'apparaissent que postérieurement, chez Nietzsche[5], l'opposition entre Apollon et Dionysos apparaît dès les premières occurrences des deux dieux[6], sans être une notion esthétique mais bien une séparation liturgique et philosophico-mythologique[7]. Cette séparation est effective au sein même du sanctuaire de Delphes[8].

Il semble dès lors qu'apparence et beauté soient différenciées, l'une, triviale et jonchée de défauts, l'autre idéalisée. La quête de l'individualité ne nous semble plus résider dans cette beauté parfaite et ces corps édulcorés mais dans l'acceptation de la laideur. Dans ce duo si contrasté, il semble néanmoins que l'un ne puisse être sans l'autre[9]. Le désordre ne doit pas être réprimé, c'est son dialogue avec l'harmonie apollinienne qui

5 Friedrich Nietzsche, *La Naissance de la tragédie*, 1872, et *Le crépuscule des idoles*, 1889 : il associe ainsi l'apollinien à la beauté et le dionysiaque à la laideur.

6 Voir Henri Jeanmaire, *Dionysos, Histoire du culte de Bacchus*, Paris, Payot, 1951.

7 Toutefois, selon la *Théogonie* d'Hésiode, Zeus donne une limite à toute créature.

8 Alors que le fronton occidental du temple est dédié à Apollon, le fronton oriental est consacré à Dionysos.

9 Chez Hésiode, le monde est bien né du chaos ; Héraclite fait se manifester la beauté dans le désordre : « L'harmonie invisible est plus belle que le visible », Fragment 54 in *Les Présocratiques*, Bibliothèque de la Pléiade, traduction de J.-P. Dumont, 1988, cité par Alain Petit « Harmonie pythagoricienne, harmonie héraclitéenne », in *Revue de philosophie antique*, vol. 13, n° 1, 1995, p. 55.

rend la beauté féconde. Certains artistes, portés par ce mot d'ordre qu'est la fidélité au réel, se penchent sur des figures singulières de la nature et ne peuvent se prétendre étendard d'une quelconque beauté physique. La curiosité des artistes et de leurs spectateurs est piquée par ces figures singulières, entraînés qu'ils sont dans un siècle qui voit s'épanouir les sciences observatrices. Où se trouve la beauté promise par les anciens dans la contemplation de la nature lorsque celle-ci se pare de figures atypiques ?

Les nains qui ponctuent les œuvres italiennes renaissantes – largement présents du fait d'un usage fonctionnel à la cour, ainsi que d'une tradition mythologique et païenne tenace – se retrouvent mis en parallèle de ces beautés apolliniennes. Figures excentriques par excellence, incarnant la non-proportion, la difformité, la laideur, qu'ils soient reconnaissables dans des portraits ou représentant une idée générique des nains, ils sont la voix d'un chaos grotesque et risible, d'un désordre permanent. La figure du nain met en avant une tension permanente dans la notion de beauté, entre apollinien et dionysiaque, entre ordre et désordre.

ÉTABLIR LE BEAU

Apollinien et dionysiaque, notions éminemment nietzschéennes, permettent toutefois d'appréhender la laideur comme composante de la beauté[10]. La beauté et les mathématiques semblent désormais indissociables, faisant ressurgir une aspiration antique qu'était celle de comprendre la nature par le prisme de la rationalité mathématique. La question de la représentation pense l'homme dans son milieu, en harmonie avec ce dernier. Cet équilibre s'incarne dans la quête des proportions de l'homme que les hommes de la Renaissance établissent comme une consigne des conquêtes artistiques. Luca Pacioli, en 1498, écrit son *De Divina proportione*, où il fait valoir les qualités esthétiques du nombre d'or. Dans son *De Pictura* Alberti[11] cite un ouvrage

10 Voir Umberto Eco, « Chapitre II, Apollinien et dionysiaque » in *L'histoire de la beauté*,, Paris, Flammarion, traduit par Myriam Bouzaher, p. 53-58.

11 Leon Battista Alberti, *De Pictura*, 1435, traduit et présenté par Danielle Sonnier, Paris, Éditions ALLIA, 2014 « Livre II – La Peinture », paragr. 26.

qu'Euphranor, artiste savant de la Grèce classique, aurait écrit. C'est un traité sur la *symmetria* dont une note de Danielle Sonnier lui donne pour pendant latin la notion de « *commensuratio*[12] ». La symétrie est entendue comme une harmonie générale, réglée par l'arithmétique, rendue par la pondération des masses[13] et le jeu des proportions. Ce traité nous laisse un témoignage des recherches artistiques de l'ère moderne, notamment sur la formation de la beauté : elle est un calcul. Alberti semble proposer une réponse, une clé de lecture de cet homme nouveau que veut façonner la Renaissance. La question des proportions vient ainsi parachever la quête de l'homme parfait et l'inclure pleinement dans un environnement. Dans un siècle marqué de l'angoisse eschatologique et héliocentrique, cette rationalité nous semble donner un manteau rassurant, prévisible, au réel. Alberti met au point un véritable réseau de mesure du corps avec le jeu des proportions. Aux unités vitruviennes que sont le pied, le palme, le pas, Alberti ajoute le calcul du nombre de têtes pour déterminer les parfaites proportions d'un corps. La représentation du corps est affaire de mathématiques mais on remarque que le corps de l'homme devient sa propre mesure et celle de la nature, lui assurant sa place dans la Création. Ainsi, le corps est si rationalisé qu'il devient l'étalon de mesure du monde, à la fois outil scientifique et objet d'investigations intellectuelles. L'anthropométrie est le sommet de la centralité de l'homme dans les conquêtes scientifiques et artistiques du peintre. Alberti définit ainsi la beauté, dans son *De re Aedificatoria* :

> La beauté est l'accord et l'union des parties d'un tout auquel elles appartiennent; cet accord et cette union sont déterminés par le nombre, la délimitation et la position précis que requiert l'harmonie, principe absolu et premier de la nature[14].

La quête absolue de la beauté parfaite conduit les artistes à composer des corps idéalisés, en gommant les défauts qui sont les signes de l'individu. Si l'homme est sa propre mesure et celle de toute chose, quelle est la place du nain dans cette échelle du réel ? Prenons à ce titre l'exemple

12 Leon Battista Alberti, *op. cit.*, éd. citée, Livre II – La Peinture, paragr. 26, note 74 p. 39.

13 Pondération que l'on verra apparaître avec le contrapposto, le jeu des proportions avec la recherche d'un corps correspondant à la section dorée.

14 Leon Battista Alberti, *L'art d'édifier*, trad. P. Caye et F. Choay, Paris, Seuil, 2004, livre IX, chapitre V, p. 440.

de l'*Adoration des Rois* de Sandro Botticelli et Filipino Lippi[15]. Exécutée vers 1470, cette tempera sur bois utilise le prétexte de l'hommage des Rois Mages pour représenter un défilé de la cour médicéenne devant la Vierge à l'Enfant. L'œuvre fait reposer la cohésion de ce défilé sur une stricte composition qui structure son iconographie[16]. La composition est assurée par une perspective linéaire qui rythme la lecture. Botticelli suit les règles de symétrie pour équilibrer les masses, encadrant cette symétrie de supports visuels que sont les colonnes – jeu assez malin puisque ces supports sont des armatures architecturales. Dans le prolongement de l'un des piliers se trouve un nain, dont la petite stature lui donne presque le statut d'élément purement décoratif. Représentatif de l'étiquette curiale, il nous donne cependant les clés d'une double lecture. Présent en tant que bouffon dans la suite du cortège médicéen, il fait surgir l'idée d'un déséquilibre caché dans cet ordre apparent. Le point de vue est installé un peu plus haut que la tête des personnages, alors qu'Alberti le préconisait au niveau du regard des protagonistes pour mettre le spectateur à leur niveau et engager une empathie à l'action. Le regard est donc bien au-dessus du nain, rabaissé dans la partie inférieure des corps. Il est visuellement placé en dessous de la ceinture, rappelant la luxure à laquelle la physiognomonie l'associe. La beauté apollinienne de la scène, portée par l'anecdote biblique qui demande une certaine solennité, est ainsi contrebalancée par une note de désordre qui préfigure le dialogue entre apollinien et dionysiaque. La lecture de l'œuvre n'est pas perturbée par l'irruption de ce singulier personnage, elle en est plutôt renforcée. Alors que le jeune Jésus se tient là, c'est le moment où l'incommensurable se fait mesurable, où le divin s'incarne en homme. À une échelle plus humaine, le nain rappelle ce transfert de l'infini dans le fini, de la totalité dans la partie[17]. La beauté dionysiaque agirait-elle au delà des apparences ?

---

15 Alessandro di Mariano di Vanni Filipepi dit Sandro Botticelli (1445-1510) et Filippino Lippi (1457-1504), *L'adoration des Rois*, ca. 1470, tempera sur bois, 50 × 136 cm, Londres, National Gallery.

16 Voir l'analyse de la composition par Jacques Mesnil, *Botticelli*, Edouard Schneider (ed.), *Les Maître du Moyen Age et de la Renaissance*, Paris, Albin Michel, 1938.

17 Daniel Arasse, dans *L'homme en perspective* (1978), avait fait valoir ce transfert entre le divin et l'humain à travers l'insertion de la perspective dans la représentation des Annonciations.

EXTRAVAGANCE DIONYSIAQUE ET BELLE LAIDEUR

Philippe Morel[18] attribue la résurgence du dionysisme à l'époque moderne à une expression de désirs refoulés par le christianisme renaissant : loin d'un culte au dieu païen, il s'agit de transférer dans la figure de Dionysos la réconciliation entre le corps et l'esprit, entre le plaisir et la vertu. Le dionysiaque est en réalité un moment syncrétique où les réalités éthico-philosophiques des hommes de la Renaissance sont exprimées dans ce que Morel nomme une « affirmation de l'individualité créatrice[19] ». Reposant sur des arts tels que le théâtre, la danse, la musique[20] – qui nous laissent apprécier une évidente liberté des corps – le dionysiaque aime le travestissement, les masques, les costumes, l'inversement des valeurs. Cela ne l'empêche pas de cohabiter avec la philosophie aristotélicienne[21]. Cette philosophie fait valoir la finalité de toute nature, en conséquence une nature qui déborde de cette fin est un monstre :

> J'appelle le milieu absolu celui qui s'écarte également des deux {extrêmes} (...). Ainsi donc tout homme avisé fuit l'excès et le défaut, cherche le milieu et le choisit, non le milieu absolu mais le milieu {relatif} à nous. Ainsi toute science atteint pleinement son but, en considérant le milieu et en dirigeant vers lui ses actions. (...) Les bons artistes, comme nous {le} disons, travaillent le regard fixé sur le {juste} milieu. Mais la vertu qui est, comme la nature, plus exacte et plus excellente que tout art, doit viser le milieu[22].

Aristote fait présider l'intérêt de la norme, d'un juste milieu en toute chose, dont il ne faut s'éloigner ni par défaut ni par excès, en esthétique comme en vertu. Ainsi aboutit-on à une quête de la beauté normée. Le laid semble se définir en creux : il est ce qui s'écarte de cet équilibre et sera rejeté

18 Philippe Morel, *Renaissance dionysiaque, Inspiration bachique, imaginaire du vin et de la vigne dans l'art européen* (1430-1630), Paris, Éditions du Félin, 2014.

19 Philippe Morel, *op. cit.*, p. 19.

20 Umberto Ecco, *op. cit.*

21 Thomas Menier, « L'étrangeté dionysiaque », in Pierre Brulé, Christophe Vendries, *Chanter les dieux, Musique et religion dans l'Antiquité grecque et romaine*, Rennes, Puf, 2001, p. 233-241.

22 Aristote, *L'Éthique à Nicomaque*, traduit et présenté par P. d'Hérouville et H. Verne, Paris, Félix Alcan Éditeurs, 1910, Livre II, chap. 5, p. 15-16.

alors même qu'il proclame le singularisme. La laideur est occasionnée alors par le décalage avec la norme classique mais également par le ridicule, tel qu'il est défini par Aristote dans la *Poétique* : « le ridicule est provoqué par une faute {*hamartia*} et une laideur {*aiskhron*} sans douleur[23] ». La laideur ne doit pas occasionner de pitié ou d'indignation Pour qualifier les nains et justifier le rire que leur présence déclenche, ils sont rangés parmi les monstres : le terme vient de « monstrer », ainsi le monstre est celui que l'on dévoile, que l'on pointe du doigt[24]. Ce qui est digne d'être montré est ce qui sort de la norme, la rareté, les extravagances de la nature qui surprennent le regard entre répulsion et attraction. Le monstre captive et le nain, sans réserve, est considéré comme tel. Le *Vocabolario della Crusca*, dictionnaire de langue italienne publié par l'Académie florentine du même nom en 1612, définit le nain comme étant « par sa petitesse {est} un homme monstrueux[25] ». Toutefois, il semble que sa petite taille n'empêche pas l'appréciation de sa laideur sur le plan esthétique. Battista Fiera, poète mantouan, écrit à propos du nain Mattello, dans une lettre adressée à François Gonzague : « Sa difformité plut plus que s'il avait été composé de la plus belle des manières[26] ». À son tour, Giorgio Vasari, lorsqu'il évoque l'œuvre d'Andrea del Sarto, *Hommage à César*[27], décrit le nain du premier plan selon ces termes : « on ne peut imaginer plus belles proportions malgré sa difformité[28] ». Puis Anton Francesco Grazzini, dit

23 Cité par Diane Robin, « Le plaisir de la laideur : catharsis comique et interprétation dans les traités français et italiens sur le rire au XVIe siècle » in *Corps et interprétation*, XVIe-XVIIIe siècle, études réunies par Clotilde Thouret et Lise Wajeman, Rodopi, Amsterdam, 2012 (tiré d'un séminaire et d'un colloque tenus respectivement au printemps et en septembre 2010).

24 Jean-Pierre Le Goff, « Monstration des corps humains et animal à la Renaissance : de la représentation entre imaginaire et rationnel », in Huguette Legros, Jean-Pierre Le Goff, *Monstres et Merveilles*, Conférence des Samedis de l'art au musée des Beaux-Arts de Caen, Cabourg, Éditions Cahier du Temps, 2015.

25 Traduction personnelle de la définition donnée par *Il Vocabolario della Crusca* (en ligne) : « Huomo mostruoso, per piccolezza »

26 Lettre datée du 27 Mai 1499 : « La deformità, dal l'altro canto, piaceva più che se la fosse stata de bellissima forma composta », citée par Alessandro Luzio, Rodolfo Renier, « Buffoni, nani e schiavi dei Gonzagua ai tempi d'Isabella d'Este » [NDE : « La difformité, d'autre part, plaisait plus que si elle avait été composée d'une belle forme »], dans *Nuova Antologia di Scienze, Lettere ed Arti*, 3e série, vol. 34-35, Rome, Tipografia della Camera dei deputati, 1891, p. 21.

27 Andrea del Sarto (1486-1530), *Hommage à César*, 1520, fresque, 502x356cm, Poggio a Caiano, Villa Médicis.

28 Giorgio Vasari, « Andrea del Sarto », *Les vies des meilleurs peintres, sculpteurs et architectes*, André Chastel (trad.), Thesaurus, Actes Sud, Paris, 2005, volume II, livre VI, p. 72.

Il Lasca, écrit, à propos du nain Morgante : « Il était si laid qu'il devenait beau[29] ». Il y a donc une laideur que l'on ne peut s'empêcher d'admirer, pour sa singularité sans doute, mais également car elle porte en germe ce dionysisme. La restauration de l'œuvre de Bronzino, *Il Nano Morgante*[30], l'atteste : le tableau était dans un état de conservation déplorable et la vue de face avait été très largement repeinte. Il est apparu que les papillons étaient recouverts d'un repeint postérieur le présentant comme Silène[31]. Son bassin se retrouve orné de pampres cachant son intimité, il tient un canthare dans la main droite et une coupe de verre dans la main gauche. Quel sens donner à ces repeints ? Il semble que le nain soit associé au cortège bacchique et qu'il est préférable de l'y voir tenir un rôle plutôt que celui qu'il avait réellement à cour florentine, celui de l'oiseleur. À travers la renaissance de Dionysos au XVIe siècle, se met en place un vocabulaire artistique pour extérioriser les passions dionysiaques. Le nain est un des emblèmes de cette catharsis.

Loin de susciter la pitié, difformité du nain en fait un objet du rire. Or le rire, c'est le désordre, c'est l'abandon des convenances pour apprécier et se gausser du ridicule. Le rire est provoqué lorsque l'intellect juge un écart de la norme. Ce rire est qualifié de « catharsis comique » par Diane Robin[32]. Il est un exorcisme pour le spectateur, ce voyeur rassuré de sa propre normalité. C'est réellement une catharsis car le nain est l'expérience d'un corps autre, qui permet de se débarrasser de sa propre laideur, de la transférer dans l'altérité. Alors que la difformité du regardeur est cachée sous d'élégantes proportions, celle du nain est exposée. Il faut remarquer que, dans une écrasante majorité des représentations, le nain est le seul à n'être pas amusé. Le spectateur est invité au rire, mais le nain soutient ce jugement sans y prendre part. Sans doute est-il le seul

---

29 Cité par Joanna Woods-Marsden, *The Gonzagua of Mantua and Pisanello's Arthurian Frescoes*, Princeton, 1988, traduction personnelle : « tanto bruto que pareva bello ».

30 Agnolo Bronzino (1503-1572), *Le nain Morgante*, avant 1553, huile sur toile, 149x98cm, Florence, Galleria degli Uffizi.

31 Voir Sefy Hendler, Marco Collareta, « Painting and its sisters : Bronzino and the art system », in Carlo Falciani, Antonio Natali, *Bronzino, artist and poet at the court of the Medici*, catalogue de l'exposition tenue Florence, Palazzo Strozzi, 24 septembre 2010 – 23 Janvier 2011, Florence, Mandragora, 2010 et l'ouvrage publié en miroir de l'exposition sous la direction de James Bradburne, *Bronzino revealed, the hidden sercrets of three masterpieces*, Florence, Alias, 2010, p. 88-93 ; Marco Ciatti, Diane Kunzelman, *Il Nano Morgante di Agnolo Bronzino. Un dipinto « a due dritti » restaurato*, Florence, EDIFIR, 2012.

32 Diane Robin, *op. cit.*

à ne pas avoir besoin de cette catharsis. Il est débarrassé du masque de la beauté et n'a donc pas besoin d'extérioriser ses angoisses. Le rire n'est plus une manifestation diabolique fustigée par les prédicateurs, il prend même ses lettres de noblesse grâce à une relecture des mœurs antiques – si bien que cette catharsis dont il est le fruit expectore la laideur intérieure et restaure l'ordre moral[33]. La thématique de l'inversion ressurgit et donne au rire une nouvelle dimension. Héritée des Saturnales, cette abolition des valeurs hiérarchiques[34] fait trôner le bouffon aux côtés du roi et le rire devient sagesse. Le nain incarne cette inversion et devient digne d'admiration. Les artistes ne cessent de jouer sur le contraste qu'il oppose à l'ordre apollinien, mesurable, prévisible – ennuyeux en somme. Agnolo Bronzino, lorsqu'il peint le *Il Nano Morgante*, signe une facétie visuelle[35]. Tout comme l'œuvre se lit à l'endroit comme au revers, il faut chercher cette inversion dans son iconographie même. Sa nudité n'est pas le triomphe héroïque et viril mais une exposition impudique de sa difformité. Il est représenté en tant qu'oiseleur, accompagné de la chouette, traditionnel symbole de sagesse. Pourtant, au contact de cette figure à double sens, la chouette devient l'euphémisme pour le phallus[36], et notamment celui du sodomite d'après la culture burlesque, comme l'a révélé l'étude de Michael Rocke[37]. Le mot « *uccelatore* », désignant sa fonction à la cour, vient du mot italien « *uccelo* », traduit à la fois par « oiseau » et « pénis ». Le nain est le bouffon dont on se gausse : il est bien l'antithèse du sérieux incarné par le modèle antique, par le héros. Il est certes représenté en pied, comme les grands personnages historiques, mais sa représentation est là grandeur nature. En outre, il porte

33 Francesca Alberti, *La peinture facétieuse, Du rire sacré de Corrège aux fables burlesques de Tintoret*, Paris, Actes Sud, 2015.

34 Charles Guittard, *Les Saturnales à Rome : du Mythe de l'âge d'or au banquet de décembre*, Pallas, Revue d'études antiques, Presses Universitaires du Midi, 2003.

35 Sur l'œuvre de Bronzino, voir Joanna Woods-Marsden, « A vision of dwarfs » in Nancy van Deusen (éd.), *Dreams and visions : an interdisciplinary enquiry*, Leiden/Boston, Brill, 2010, p. 325-337 ; Sefy Hendler, « Le grand paragone de Morgantaccio » in Sefy Hendler, *La Guerre des arts. Le Paragone peinture-sculpture en Italie XV-XVIe siècle*, Roma, 2013 ; Robin Leigh O'Bryan, « Grotesque bodies, princely delight : dwarfs in italian renaissance court imagery », in *Preternature*, Volume 1, N° 2, 2012, article paru suite à un séminaire de Renaissance Society of America, à Montréal, Canada, du 24 au 26 mars 2011.

36 Voir Deborah Parker, *Bronzino : Renaissance painter as a poet*, Cambridge, Cambridge University Press, 2000, p. 155 et suivantes.

37 Michael Rocke, *Forbidden Friendships : Homosexuality and Male Culture in Renaissance Florence*, Oxford, Oxford University Press, 1996 p. 233.

le nom d'un géant issu du poème de Luigi Pulci, *Il Morgante Maggiore*, composé entre 1460 et 1479. L'inversion est partout, elle est source du rire et fait oublier la règle du bon courtisan, figure apollinienne par excellence, tourné en ridicule par le bouffon. Le courtisan incarne la mesure, le contrôle de soi, la maîtrise permanente. Rien n'est dû au hasard, il dévoile ses talents avec une nonchalance calculée là où le bouffon ne se pose aucune limite.

NAIN-MÉDECIN, NAIN ET ANATOMIE, NAIN ET PHYSIOGNOMONIE

Son héritage mythologique prête au nain des qualités de guérisseur, de l'Égypte antique jusqu'à l'ère hellénistique. Le nain Bes est le nain guérisseur et protecteur des accouchements, souvent représenté sous la forme de petites statuettes au pénis disproportionné célébrant la fertilité[38]. Puis vint Sérapis, dieu de la guérison dans la Grèce hellénistique, assisté d'Harpocrate, montré souvent sous les traits d'un nain[39]. Priape, le dieu difforme au pénis disproportionné et en perpétuelle érection, associe la représentation d'un petit homme trapu avec la fertilité[40]. Une dimension protectrice est associée a nain, tel un talisman naturel. Ce mysticisme alliant le nain, la guérison et son caractère apotropaïque, est toujours présent à la Renaissance, comme l'atteste la fresque de Giulio Romano et Raphaël, *La Vision de la Croix*[41]. Léon X souhaitait un programme iconographique qui le pose en *Christus medicus*, en Christ médecin, guérisseur de tous les maux[42]. Cette fresque montre une scène solennelle autour de la figure de Constantin et se trouve contrastée par la présence d'un nain hilare qui dévoile ses parties génitales, dans la

38 Isabelle Franco, *Nouveau dictionnaire de mythologie égyptienne*, Paris, Hachette Livre, 1999.

39 Voir Robin Leigh O'Bryan, « The Medici Pope, Curative Puns and a Panacean Dwarf in the Sala di Constantino », in *SECAC Review*, volume XVI, No. 5, 2015, p. 591-607.

40 Philippe Morel, « Priape à la Renaissance : Les guirlandes de Giovanni da Udine à la Farnésine », in *Revue de l'Art*, 69 1985, 13-28.

41 Raffaelo Sanzio dit Raphaël (1482-1520), Giulio Romano (1499-1546), *La Vision de la Croix*, ca. 1519-152, fresque, Sala di Costantino, Palais du Vatican.

42 Robin Leigh O'Bryan, *op. cit.*, 2015.

partie inférieure droite. Soulevons que le rire est alors un remède : il est en effet utilisé pour prévenir de la mélancolie – ou même, semble-t-il pour garantir la guérison : en novembre 1498, alors qu'Alfonso d'Este souffrait de la syphilis, il refuse de retourner le bouffon Mattello à Francesco Gonzagua, son beau-frère, car ce dernier l'empêchait de sombrer tout à fait dans la douleur et la mélancolie[43]. La mélancolie était considérée comme un excès de bile noire donc un déséquilibre dans le tempérament, c'est-à-dire la composition humorale de l'individu. Dans cette optique, le rire vient rétablir la *crasis* de ces humeurs. Ainsi le désordre fait naître l'ordre et l'équilibre. Cette mélancolie était un état général de faiblesse qui expose l'individu aux esprits malfaisants or la laideur possède le rôle d'un talisman. D'une part par captation des esprits diaboliques qui pourraient vouloir s'emparer de l'individu, d'autre part en provoquant le rire de celui-ci[44]. Le rire, né de ce moment disruptif qui oublie les conventions – encore que ce qui est décidé comme humour est-il conventionné par une certaine mode – est intimement lié au dionysiaque, aussi la figure de la Modération, que l'on voit aux côtés du nain de Giulio Romano, préfère-t-elle détourner le regard.

43 Alessandro Luzio et Rodolfo Renier, *op. cit.*, p. 18 : « Nel 1498 infatti il Mattello fu mandato a Ferrara per sollazzare Alfonso malato, e questi se ne trovò cosi contento, che lo trattenne parecchi mesi presso di sè e solo al lorché il marchese Francesco mandò a posta un cortigiano a ri prenderlo, si decise a separarsene. Ma lo accompagnò con una lettera entusiastica al cognato, nella quale dopo vivi ringraziamenti ag giungeva : « Veramente credo non fusse possibile immaginarsi la « delectatione, recreatione et piacere ni habia preso; et più ar- « disco dire che l'è stato causa in questa mia indispositione de sub « levarmi tanti affanni et fastidii, che alcuna fiata non sentia il male "benché grave sia stato." (6 nov. 1498). » [NDE : « En 1498, en effet, Mattello fut envoyé à Ferrare pour divertir Alfonso durant sa maladie, et ce dernier en fut si satisfait, qu'il le retint plusieurs mois auprès de lui et ce ne fut que lorsque le marquis Francesco envoya délibérément un courtisan pour le récupérer, qu'il se décida à s'en séparer. Mais il le renvoya avec une lettre enthousiaste à son beau-frère, dans laquelle après de vifs remerciements il ajoutait : "Vraiment je crois qu'il n'est pas possible de s'imaginer la délectation, la distraction et le plaisir que j'en ai pris; bien plus, j'ose dire qu'il a été pendant mon indisposition la cause qui m'a soulagé de tant d'anxiétés et d'incoforts, au point que quelques fois je ne sentait plus le mal, même s'il était grave." »]

44 Robin Leigh O'Bryan, *op. cit.* 2015.

LE NAIN, UN TALISMAN PROTECTEUR OU UN SIGNE DIVIN

Le nain est en effet une figure talismanique, héritée des croyances antiques. Patrizia Pentassuglia[45] fait remonter l'étymologie du mot « monstre » au latin *monstrum*, lui même découlant du terme *monere*, qui désigne un signe divin, un avertissement. Par sa difformité, le nain est une manifestation de l'extraordinaire, une irruption de l'altérité non-humaine qui met en garde. Il est très justement l'« ekphrasis » d'Aélius Théon, ce qui permet de se remémorer. Ce qu'il incarne est lié à ce que la science physiognomonique lui prête : son physique désavantageux lui fait porter tous les vices dans sa personnalité. La violation de la Beauté ne peut que s'accompagner d'un caractère amoral. Ainsi se retrouve-t-il personnification du Vice et de la Scélératesse chez Cesare Ripa[46]. Le nain déchire certes la perception du corps à l'image de Dieu, toutefois les valeurs {im}morales qu'il véhicule sont nécessaires : il est un rappel à l'ordre. Pietro Birago donne une idée de la complexité de ces figures. *La scène d'éducation*[47] fait partie des illustrations de *La Grammatica del Donato*, traité d'éducation à l'usage du jeune Maximilien Sforza. Liées au contenu éducatif, les images servaient sans doute à la fois d'interludes ludiques et de guides moraux. Le jeune prince est ainsi confronté à des images censées dynamiser sa *virtù*. Le nain est montré de dos, une dague pointant son proéminent postérieur, facétie visuelle désignant,

45 Patrizia Pentassuglia, « La reconnaissance de la diversité au XVIe siècle. À propos de la difformité », in *Alter, European Journal of Disability Records*, 2011, p. 233-248.

46 À partir de l'édition de 1603 de l'*Iconologie*, notamment l'édition romaine d'Appresso Lepido Faci, le nain est choisi comme représentation des articles « Vices » et « Scélératesse », avec la description suivante (p. 443) : « Un Nano sproportionato, guercio, di carnaggione bruna, di pelo rosso, & che abbracci un'Hidra. Le sproportioni del corpo si domandano vitij della natura, perche come in un'huomo atto ad operare bene, che s'impiega al male, quel male si domanda vitio & sceleratezza ; perche pende salla volontà per elettione male habituata ». [NDE : « Un Nain disproportionné, louche, au teint foncé, au poil roux, et qui embrasse une Hydre. Les disproportions du corps demandent bien les vices de la nature, parce que, comme chez l'homme apte à faire le bien et qui s'engage à faire le mal, ce mal demande du vice et de la scélératesse ; parce qu'il est suspendu à une volonté qui par choix a été mal habituée. »]

47 Giovan Pietro Birago (ca. 1471-1513), *Scène d'éducation*, (et détail) 1499, Folio 13 v°, Milan, Archivio Storico Civico e Biblioteca Trivulziana.

selon Robin Leigh O'Bryan[48], une connotation sodomite. Il constitue le versant vicieux de l'enseignant, joints tout deux par la similitude de leurs cheveux, tressés tels une couronne de laurier, l'un marqué par sa vertu vacillante, l'autre représentant la rectitude morale à laquelle Maximilien doit aspirer. La présence du nain est donc une exhortation pour le jeune prince à suivre une vie vertueuse en vue d'assurer son rôle politique alors qu'il est condamné par l'argument physiognomonique à une personnalité vicieuse.

C'est la raison pour laquelle il faut y apposer un cadre normatif pour s'approprier les dérives de la nature. Cependant, la connaissance du nanisme oscille entre la tératologie et les débuts des sciences anatomistes. Décidément, le nain ne rentre dans aucune taxinomie. En effet, le *Monstrorum Historia* d'Ulisse Aldrovandi compte, parmi ses monstres, la représentation d'un nain au milieu d'autres créatures fantastiques[49]. Toutefois, Jules Cesare Vanini fait valoir une réelle observation du nanisme. Il souhaite ainsi laïciser le corps en cherchant des causes naturelles à la monstruosité. En outre, la différence est bien établie à l'époque entre la monstruosité des « portenta », les prodiges nés pour signifier l'irruption d'une puissance supérieure, et les « portentosa », les phénomènes disgraciés de naissance. La différence réside dans de ces déformations qui n'obéissent pas à un dessein divin, et dans lequel, véritablement, réside la laideur. Les *portenta* font ainsi partie de l'ordre général[50]. Cela entraîne une fascination pour le mystère qui les enveloppe et justifie leur statut de curiosités : les obsessions tératologiques semblent finalement achever de déshumaniser le nain pour lui attribuer une catégorie à part. À ce titre, l'œuvre d'Agostino Carrache (1557-1602), *Arrigo le Velu, Pietro le Fou, Amon le Nain et autres bêtes*, représente le cabinet de curiosité à ciel ouvert d'Odoardo Farnèse. Ce cabinet est incarné par la simple présence de catégories du vivant qui ne sont pas considérées au niveau de l'humanité. Les protagonistes représentés

48 Robin Leigh O'Bryan, « Virtue, Vice and princely pleasure : the dwarfs in a Sforza Grammatica », in *Libri & Documenti*, XXXIV-XXXV (2008-2009), p. 7-23.

49 Encore une fois, le nain est lié à des questions de monstruosité, d'animalité, d'occulte et d'ésotérisme qui sont abordées dans la science tératologique – voir pour cela Jean Céard, « Tératologie et tératomancie au XVIe siècle » dans Marie-Thérèse Jones-Davies, *Monstres et prodiges au temps de la Renaissance*, actes du colloque tenu du 30 novembre au 1er décembre 1979, Paris, Université de la Sorbonne – Centre de Recherche sur la Renaissance, 1980, p. 5-16.

50 Jean Céard, *La nature et les prodiges, l'insolite au XVIe siècle*, Genève, Librairie Droz, 1977.

auraient réellement vécu à la cour du cardinal entre 1573 et 1626, faisant de l'œuvre un portrait de la caste inférieure de l'humanité. Roberto Zapperi[51] voit dans cette représentation des références à la ménagerie du cardinal, composée d'un jardin dans lequel évoluaient des animaux exotiques et des spécimens botaniques inédits, dans un cadre antiquisant. C'est un lieu d'exposition, de merveilles et de *terrata*, dans lequel le cardinal et sa cour, le courtisan, l'ambassadeur – et le spectateur de l'œuvre – se trouvent confrontés à l'expérience de la rareté. Un tel lieu semble un jardin d'Eden destiné à catégoriser le vivant. Les merveilles le peuplant sont à la fois considérées comme dignes d'admiration et donc de collection, mais pour, semble-t-il, être mieux rejetées du genre humain, en tant que catégories sub-humaines[52]. Provoquant la peur de l'anormalité et conséquemment le besoin d'appartenir à un groupe, les nains sont classés parmi les artefacts de la monstruosité. Organiser la nature pour la rendre moindre effrayante c'est également assumer une distance par rapport à la disproportion. Aussi, il est présent dans les inventaires des seigneurs qu'il sert, tentative d'apposer un cadre normatif sur cette figure impertinente et inclassable, entre sujet courtisan et objet de collection[53].

Pour conclure, il apparaît que les nains sont porteurs d'une ambition renaissante de faire concilier l'attrait au corps, au plaisir et à la beauté sans être fustigés par les péchés de vanité et de luxure que la morale chrétienne impose. Ils semblent l'extériorisation à la fois des angoisses et des aspirations de leur spectateur. Assurance d'une beauté cruciale, médiateurs du plaisir de la chair, talismans protecteurs, ils sont, par leur laideur, la projection de ce que le spectateur redoute ou envie. Leur laideur, innommable désordre dans un siècle dédié à la beauté, fait

51 Roberto Zapperi, « Arrigo le Velu, Pietro le Fou, Amon le Nain et autres bêtes : autour d'un tableau d'Agostino Carrache », dans *Annales. Économies, sociétés, civilisations*, 40e année, n° 2, mars-avril 1985, p. 307-327.

52 Notamment à la lecture de Paracelse qui établit, dans son ouvrage *Le Livre des Nymphes, des sylphes, des pygmées, des salamandres et de tous autres esprits*, édition originale ca. 1535 (traduit et présenté par Sylvie Paris, Nîmes, C. Lacour, 1998 », qu'il est sept espèces dépourvues d'âme, parmi lesquelles il recense les nains. Ils sont associés aux gnomes et à l'élément terrestre, donc à une forme de vie plus proche de l'animalité, justifiant la proximité traditionnellement établie entre les nains et les sciences occultes et ésotériques.

53 Voir Touba Ghadessi-Fleming, « Inventoried monsters, Dwarfs and hirsutes at court », in *Journal of the History of Collections*, vol. 23, no. 2, Oxford University Press, 2011, p. 267-281.

partie des fondations de celle-ci. Le spectateur, ou plutôt le regardeur, piégé dans son acte impudique de contemplation de la laideur, se pose en comparaison. Faisant l'expérience d'une altérité très contrastée, il ne peut que vouloir s'approprier ces disruptions. Elles sont la voix de forces naturelles qui le dépassent, justifiant que le monstre soit issu d'un monde divin, d'origine païenne, faisant irruption dans le réel. Il apparaît que même dans l'ordre se trouve un désordre reposant sur les paradoxes de cette recherche de l'ordonné. La beauté dépend de sa part de laideur, l'une étant mise en valeur par l'autre, parfois même concurrencée. C'est donc du fertile débat entre ordre et désordre, entre rationalité apollinienne et extravagance dionysiaque, que se dessine la beauté. Non pas dans un équilibre entre les deux mais une nécessaire fusion qui nous révèle finalement notre humanité : beaux car uniques, laids pour les mêmes raisons. Célébrons donc notre laideur comme signe indubitable de notre perfection.

Diane BAUSTERT
Étudiante en master,
Centre d'études supérieures
de la Renaissance,
Université de Tours

ORDRE ET *VARIETAS* DANS L'ORNEMENT SCULPTÉ DU TOUR DE CHŒUR DE CHARTRES[1]

Caractéristique de l'art de la « première Renaissance française », le décor sculpté du soubassement du tour de chœur de la cathédrale Notre-Dame de Chartres, réalisé entre 1521 et 1535, se présente à première vue comme un mélange désordonné – ou du moins difficile à saisir – d'ornements et de bas-reliefs surmontés, au second registre, de scènes sculptées en ronde-bosse. Visible depuis le déambulatoire, il surprend par l'abondance et la fantaisie de ses motifs, comme en témoignent de nombreuses descriptions, telle celle de Marcel-Joseph Bulteau, un chanoine de Notre-Dame de Chartres, qui affirme au milieu du XIXe siècle que le décor ornemental du tour de chœur « échappe au récit comme au regard[2] ». Si le chanoine loue sa variété et la « riche imagination[3] » des sculpteurs, il n'y voit toutefois qu'une « partie accessoire[4] » au monument et marginale par rapport aux scènes historiées.

Cette perception de l'ornement, qui tend à se restreindre au simple plaisir de l'œil, est révélatrice d'une conception qui a dominé jusque récemment[5]. Depuis une vingtaine d'années cependant la réflexion

1 Cet article est tiré de mon travail de master sur « La forme, l'agencement et le sens de l'ornement sculpté du tour de chœur de Chartres » réalisé au Centre d'Études Supérieures de la Renaissance à Tours (2015-2017) sous la direction de Marion Boudon – Machuel que je tiens à remercier pour ses conseils et son aide, ainsi que Fabienne Audebrand et Irène Jourd'heuil de la DRAC Centre-Val de Loire, auxquelles j'exprime toute ma reconnaissance pour les informations qu'elles m'ont fournies relativement aux modifications et restaurations du tour de chœur.

2 Marcel-Joseph Bulteau, *Monographie de la cathédrale de Chartres*, III, Chartres, Garnier, 1901, p. 134-135.

3 *Op. cit.*, p. 135.

4 *Op. cit.*, p. 141.

5 La définition donnée par le Larousse témoigne du regard que l'on porte encore aujourd'hui sur l'ornement : « Partie accessoire d'une composition, qui la rehausse, l'enjolive, mais pourrait être retranchée sans porter atteinte au sujet principal. » (Larousse en ligne, consulté le 15/09/2017).

sur l'ornement dans l'architecture autour de 1500, initiée par Jean Guillaume[6] et Évelyne Thomas[7], ainsi que des travaux plus généraux sur d'autres supports et de toutes les périodes invitent à considérer autrement le décor du tour de chœur de Chartres. Les travaux de Gilles Sauron[8], de Jean-Claude Bonne[9] et de Peter Fuhring[10] ont ainsi montré que l'ornement n'est pas simplement décoratif et qu'il peut au contraire répondre à une commande et à des intentions figuratives précises, en accord avec le statut de son commanditaire et le lieu qui l'accueille. Parallèlement, les articles parus dans les actes du colloque *Questions d'ornements* (2013)[11], organisé à Bruxelles en 2012, et dans le premier numéro des *Cahiers de l'ornement* (2016)[12] ont souligné les fonctions structurantes et symboliques de l'ornement. Dans la lignée des travaux de Jean-Claude Bonne sur l'« ornementalité », qui ont introduit l'idée d'une interdépendance entre l'ornant et l'orné, ces publications ont rappelé la nécessité d'analyser les rapports formels et fonctionnels qui peuvent exister entre le décor et la structure, ainsi que d'identifier la fonction symbolique que celui-ci peut entretenir avec le commanditaire, le monument, la culture humaniste et la liturgie.

L'ornement « à l'antique » du tour de chœur de Chartres répond à cette conception : il appartient à un monde de la variété mais une variété ordonnée, dont les détails font sens avec la fonction du monument en général comme avec chacune de ses parties. À Chartres, l'hétérogénéité des

6 Voir notamment Jean Guillaume, « Le temps des expériences. La réception des formes "à l'antique" dans les premières années de la Renaissance française », dans *L'Invention de la Renaissance. La réception des formes « à l'antique » au début de la Renaissance*, Paris, Picard, 2003, p. 143-176.

7 Évelyne Dagnas-Thomas, *Le Système ornemental de la première Renaissance française*, Lille, Atelier national de reproduction des thèses, 2000.

8 Voir notamment Gilles Sauron, « Le message symbolique des rinceaux de l'*Ara Pacis Augustae* », *Compte rendus des séances de l'Académie des Inscriptions et Belles-Lettres*, 126e année, 1, 1982, p. 81-101.

9 Jean-Claude Bonne, « De l'ornement à l'ornementalité », dans Dominique Paris-Poulain (dir.), *Le rôle de l'ornement dans la peinture murale du Moyen Âge*, Poitiers, Centre d'Études Supérieures de Civilisation Médiévale, 1997, p. 103-119 ; « Ornementation et représentation », dans Jérôme Baschet, Pierre-Olivier Dittmar (dir.), *Les images dans l'Occident médiéval*, Turnhout, Brepols, 2015, p. 199-212.

10 Peter Fuhring, Andrea Pinotti, Gilles Sauron, Patricia Falguerres, « Interroger l'ornement après Riegl », *Perspective*, 1, 2010, p. 43-55.

11 Raph Dekoninck, Caroline Heering, Michel Lefftz (dir.), *Questions d'ornements* XVe-XVIIIe *siècles*, Turnhout, Brepols, 2013.

12 Pierre Caye, Francesco Solinas, (dir.), *Les cahiers de l'ornement*, 1, 2016.

sources n'est en effet qu'apparente : l'ornement est ordonnancé, signifiant, et s'inscrit, selon ses propres codes, dans l'invention iconographique élaborée par les théologiens du chapitre en collaboration avec des peintres ou des sculpteurs selon un agencement subtil, en lien étroit avec l'environnement au sens large (liturgie, pratiques dévotionnelles, revendications identitaires et spirituelles du commanditaire). Son étude conduit ainsi à développer des questions de typologie, d'iconographie et de significations.

L'ORDONNANCEMENT GÉNÉRAL DU TOUR DE CHŒUR

LA STRUCTURE ARCHITECTURALE

Commandé par les chanoines de Notre-Dame le 19 Décembre 1513 au maître-maçon Jean de Beauce, le tour de chœur fut achevé en 1535 sous la direction de Mathurin Delaborde, qui était devenu maître des maçons des ville et baillage de Chartres à la mort de Jean de Beauce en 1529[13]. Spécialistes d'architecture, les deux hommes furent chargés de réaliser la « clôture de chœur sauf les images », ainsi que le rapporte Jean-Baptiste Souchet, chanoine de Notre-Dame de Chartres, en 1642[14].

Scandé par quinze contreforts ornés de statues d'évêques placées à la suite de Dieu le Père, le tour de chœur constitue un véritable mur sculpté de plus de cent mètres de long sur environ sept mètres de hauteur. Adossé aux piles de la cathédrale gothique, il enserre la partie droite et l'abside du chœur. Cet appui fourni par chaque support du XIIIe siècle est renforcé par des contreforts secondaires qui portent des statuettes de prophètes, de saints, de Vices et de Vertus. Ces petits contreforts scandent à leur tour chacune des quinze travées en quatre sections pour les travées droites, et en deux sections dans la courbure absidiale. Sur

13 Sur Jean de Beauce et Mathurin Delaborde voir notamment Isabelle Isnard, « Être architecte à la fin du Moyen Âge, la carrière protéiforme de Jean de Beauce "maître d'œuvre de l'église de Chartres" », *Revue de l'art*, 1511, 2006, p. 9-23 et Mathilde Pflieger, *Le chœur de l'église Notre-Dame des Marais de la Ferté-Bernard une fenêtre ouverte sur la Renaissance 1535-1569*, thèse de doctorat en Histoire de l'art, Alain Salamagne (dir.), Tours, CESR, 2015.

14 Jean-Baptiste Souchet, *Histoire du diocèse et de la ville de Chartres*, III, Chartres, Garnier, 1869, p. 574.

le plan horizontal quatre niveaux se succèdent : le soubassement, est orné en partie inférieure de vingt-huit bas-reliefs inspirés de plaquettes italiennes et allemandes, séparés par de petits pilastres au-dessus desquels s'élève l'ancienne claire-voie. C'est là qu'est sculpté le décor ornemental sur les meneaux, les embrasures et les corniches. Au registre supérieur se dresse une galerie où se succèdent quarante groupes sculptés. Cette dernière est couronnée par un réseau de dais microarchitecturés sur lesquels sont disposés des *putti* musiciens.

La structure architecturale, proche de celle de la façade occidentale de la Chartreuse de Pavie (1473-1493) ou encore de la clôture de chœur de la chapelle haute du château de Gaillon (1508-1510) par son rythme ternaire, est parfaitement ordonnée. Seule la travée du rond-point rompt le rythme architectural, sa partie haute ayant été laissée vide afin d'accueillir une tour reliquaire. Cette dernière, à laquelle on accédait par un escalier de pierre ménagé entre les deux piliers de la neuvième travée, contenait les restes des saints Lubin, Béthaire, Solen, Tugdual, Thomas et de sainte Thècle. La chemise de la Vierge[15], relique insigne de la cathédrale, était, quant à elle, conservée dans une précieuse châsse à l'intérieur du sanctuaire, devant le maître-autel situé derrière la huitième travée qui le dissimulait. Le reliquaire de la Chemise était orné d'objets précieux offerts par de grands personnages, comme Charles V qui fit don d'un camée de Jupiter inséré dans une monture d'or et de perles en 1367, et Anne de Bretagne, dont la ceinture en or pavée de rubis, de saphirs et de perles pourrait avoir été représentée dans le décor ornemental de la troisième travée sud.

LES STATUES ET LES BAS-RELIEFS

Les grandes scènes sculptées se déroulent horizontalement du nord au sud, de *L'Annonce de la naissance de la Vierge à Joachim* au *Couronnement de la Vierge*. Elles s'inscrivent toutefois également dans la verticalité des travées. Ainsi, de la première section de la cinquième travée à la deuxième section de la onzième travée, chacune des scènes de la Vie du Christ,

15 On ne s'aperçut qu'en 1712, date de sa première ostension à Chartres, que la Chemise, conservée dans une chasse depuis 876, était en fait une longue pièce d'étoffe de plus de cinq mètres de long que l'on appelle aujourd'hui « Voile ». À ce sujet voir Vincent Cochet, Françoise Jouanneaux, Hervé Joubeaux (dir.), *Trésors de la cathédrale de Chartres*, cat. expo, Chartres, Musée des Beaux-Arts (13 avril-27 octobre 2002), Chartres, Musée des Beaux-Arts, 2002, p. 23.

réalisées de 1516 à 1716, est associée, selon une lecture typologique, à un épisode vétérotestamentaire ou mythologique, des reliefs sculptés de 1521 à 1529 dans la partie basse du monument. Inspirées de la *Biblia pauperum*, recueil de gravures destiné aux fidèles et qui établit des parallèles entre Ancien et Nouveau Testament, ces associations intègrent aussi des travaux d'Hercule. Les épisodes de la vie du héros antique renvoient en effet au combat de l'âme pour atteindre la vie éternelle selon la tradition iconographique médiévale, mais pouvaient aussi être lus à la lumière du goût nouveau pour la mythologie[16]. Certaines scènes – *Hercule et Antée, Hercule et Geryon* et *David et Goliath* – sont inspirées de plaquettes de l'Italien Moderno (1467-avant 1528). Enfin, les troisièmes travées nord et sud sont ornées des portraits de Titus, d'Hector, de Vespasien, de Néron, de Domitien, de Jules César, d'un guerrier, d'un personnage féminin et d'un contemporain représenté « à l'antique », que Sarah Munoz a récemment proposé d'identifier à Charles Quint[17].

DES « IMAGES, FIGURES ET HIÉROGLYPHES » POUR EXPRIMER LES « MYSTÈRES DE NOTRE RÉDEMPTION[18] »

Bas-reliefs et statues ont donc été pensés ensemble et participent d'une même réflexion sur l'Incarnation et le Sacrifice. C'est aussi le cas du décor ornemental dont les candélabres et les chutes d'ornements intègrent des symboles de la Passion (cuve de raisin, clefs de saint Pierre,

16 Les travaux d'Hercule sont l'objet d'interprétations allégoriques depuis le *Quattrocento*, voir notamment Boccace, *De genealogia deorum gentilium*, Florence, 1360 et Coluccio Salutati, *De laboribus herculis*, Florence, 1406.

17 Sarah Munoz, *Célébrer et paraître : les têtes en médaillon sculpté dans l'architecture de la Renaissance en France*, thèse de doctorat en Histoire de l'art, Pascal Julien (dir.), Toulouse, Université Toulouse II-Jean Jaurès, 2016, p. 444. Érard de La Marck, évêque de Chartres jusqu'en 1525, entretenait des liens privilégiés avec l'empereur. L'origine du modèle, une médaille de Hans Schwarz datée de 1521, et la présence à Chartres de Jean de La Marck, grand-archidiacre de 1512 à 1515 et d'Antoine de La Marck, grand-archidiacre de 1515 à 1523, justifient cette hypothèse.

18 Sébastien Rouillard, *Parthénie ou histoire de la très auguste et très dévote église de Chartre dédiée par les vieux druides en l'honneur de la Vierge qui enfanteroit*, Paris, Rolin Thierry et Pierre Chevalier, 1609, p. 134.

objets liturgiques, etc.). Si cette complémentarité entre ornement, bas-relief et ronde-bosse n'est plus remarquée aujourd'hui, elle l'était par les contemporains, comme Sébastien Rouillard, un avocat parisien venu en pèlerinage à Chartres, qui écrivait en 1609 que le tour de chœur « cizelé d'un ouvrage exquis », est « enrichie d'Images, figures, hieroglyphes & autres artifices » qui expriment les « mysteres de nostre Redemption[19] ». L'avocat distingue ainsi trois types de représentations à l'intérieur du décor sculpté et reconnait leurs qualités propres. Par « images », Rouillard désigne les quarante scènes du Nouveau Testament qui sont sculptées en ronde-bosse « à la semblance d'aucun[20] » et par « figures », les scènes sculptées en bas-relief dont les thèmes vétérotestamentaires ou mythologiques constituent des *figures*[21] du Nouveau Testament. Enfin, les « hiéroglyphes » sont les ornements dont le rôle est d'« exprimer toutes conceptions [...] par figures, & images des choses, au lieu de lettres[22] » et qui contribuent à l'élaboration de cette lecture typologique. Le décor ornemental prend part en effet, selon un vocabulaire et une grammaire qui lui sont propres, à la réflexion sur l'histoire de la Rédemption mise en place par les concepteurs du cycle iconographique des statues et des bas-reliefs.

Inspiré des gravures des Italiens Giovanni Antonio da Brescia (vers 1460-1525) et Giovanni Pietro da Birago (*Heures Sforza*, vers 1490-1500, Londres, Bristish Library), de plaquettes (*putti*, cavaliers), de médailles (Lucrèce, Jason, Cupidon endormi, portraits « à l'antique ») et de petits bronzes (*putto* jouant avec un oiseau) produits dans l'Italie septentrionale à la fin du XVe siècle, le décor ornemental est l'œuvre d'une dizaine d'artistes actifs entre 1521 et 1535[23]. La multiplicité des mains

19 Sébastien Rouillard, *Op. cit.*

20 Jean Nicot, *Le Thresor de la langue francoyse*, 1606 (en ligne, consulté le 31/08/2017).

21 Sur le sens des figures à la Renaissance voir Max Engamarre, « Les figures de la Bible. Le destin oublié d'un genre littéraire en image (XVIe-XVIIe siècle) », *Mélanges de l'École française de Rome. Italie et Méditerranée*, 106-2, 1994, p. 549-591.

22 Pierre Langlois, *Discours des hiéroglyphes aegyptiens, emblemes, devises, et armoiries. Ensemble LIIII tableaux hieroglyphiques pour exprimer toutes conceptiosn, à la façon des AEgyptiens, par figures, & images des choses, au lieu de lettres. Avecques plusieurs interpretations des songes et prodiges*, Paris, Abel l'Angelier, 1583, frontispice.

23 Une partie de ces médailles et plaquettes est reproduite dans Andrew Burnett, « Ancient Coins on Buildings in Northern Italy in the Late Quattrocento », dans Peter Ulrike, Bernhard Weisser (dir.), *Translatio Nummorum. Römische Kaiser in der Renaissance*, Maintz, Rutzen, p. 187-200 et Marika Leino, *Fashion, Devotion and Contemplation. The Status and Functions of Italian Renaissance Plaquettes*, Oxford, Lang, 2012.

et des modèles ne nuit toutefois pas à l'unité d'ensemble. Derrière la diversité apparente se trouve en fait un ordre qui a déterminé le choix des motifs dont l'agencement fait écho à la fonction du monument. Le décor ornemental, par son vocabulaire et sa disposition, a de fait été pensé en lien étroit avec le monument, accompagnant le sens général de son décor et soulignant aussi la fonction de certaines de ses parties (tour des reliques, passage des chanoines par exemple.).

UN « ORNEMENT PARLANT »

Le répertoire ornemental du tour de chœur fusionne deux « systèmes morphologiques[24] » distincts : le végétal et le figuré. Candélabres, chutes et frises végétales intègrent de fait des motifs parlants, puisés dans des répertoires iconographiques différents mais qui partagent un thème commun : le Salut, traité par l'intermédiaire de la Nativité, fête fondatrice de la liturgie chartraine. La *Vieille Chronique* (1389 ; 1422) stipule en effet que l'église de Chartres fut fondée avant même la naissance de la Vierge par ceux qui furent les premiers à croire que le Christ viendrait et naîtrait d'une vierge : les prêtres Carnutes ou Druides, qui érigèrent un autel à sa gloire dans une grotte cent ans avant l'Incarnation[25]. Le mythe de la *Virgo pariturae* (« Vierge allant enfanter »), ravivé au début du XVIe siècle dans le *Carnutensis ecclesia principium*, renforçait ainsi l'autorité des chanoines, qui se présentaient comme des descendants des Druides et médiateurs privilégiés auprès de la Vierge[26].

La présence de reliques à l'intérieur du chœur et sur sa clôture a aussi déterminé le choix de certains motifs ornementaux, dont le rôle était de rendre visible en permanence les restes des premiers saints chartrains. De fait, placées au-dessus de l'autel majeur, dans la partie supérieure du rond-point et visibles depuis le déambulatoire, les reliques des saints chartrains – remontées de la crypte au moment de la construction du tour de chœur –, ainsi que la Chemise et la Ceinture de la Vierge, ont été

24 Voir la classification donnée par Jurgis Baltrusaitis dans *Formations, déformations : la stylistique ornementale dans la sculpture romane*, Paris, Flammarion, 1986, p. 7-8.

25 À ce sujet voir les documents compilés par Maurice Jusselin dans « Les traditions de l'église de Chartres, à propos d'une bulle du pape Léon X concernant la construction de la clôture du chœur », *Mémoires de la Société archéologique d'Eure-et-Loir*, XV, 1914, p. 1-26.

26 Sur l'histoire du mythe de la *Virgo pariturae* et son utilisation par le chapitre de Notre-Dame au début du XVIe siècle voir en dernier lieu Nicolas Balzamo, *Les deux cathédrales : mythe et histoire à Chartres XIe-XXe siècle*, Paris, Les Belles Lettres, 2012.

mises en valeur dans et par le décor ornemental[27]. Le fait que certaines de ces reliques faisaient l'objet de processions permet en outre d'établir une corrélation entre la liturgie et l'agencement de l'ornement. Concentré dans la partie tournante, ce dernier devait en effet captiver le regard du fidèle, et établir une correspondance entre l'ornement et la dignité de ce qu'il ornait : les corps saints, mais aussi les rites, les cérémonies et les prières qui se déroulaient dans et autour du chœur, tout en insistant sur le rôle essentiel des chanoines dans l'Économie du Salut.

LES CATÉGORIES DE MOTIFS

Le décor ornemental du tour de chœur de Chartres intègre des motifs figuratifs que leur symbolique permet de classer en quatre thèmes principaux : l'Incarnation, le Sacrifice, l'Eucharistie et la Résurrection.

Le thème de l'Incarnation est présent à travers des motifs tirés de l'iconographie mariale, comme les chenets (chutes d'ornements, 6e travée), fréquents dans les scènes de l'Annonciation et de Nativité flamandes, ainsi que les cuillères (chutes d'ornements, 6e et 8e travées), dont un vitrail de la Circoncision réalisé vers 1520-1530 pour l'abbaye de Mariawald[28] témoigne du répertoire iconographique d'origine. Au sein de cet ensemble la Chemise de la Vierge, qu'elle portait lors de l'Incarnation et de la Nativité, occupe une place à part au sein du décor ornemental. Symbole de la relique intimement liée au mythe de la *Virgo pariturae* et emblème du chapitre depuis le début du XVIe siècle, la Chemise était aussi portée en collier par les guerriers pour ses vertus protectrices. Souvent associée à l'armure et au phénix, la Chemise (seule, sur un écu tenu ou non par des *putti*) se démultiplie dans le décor du tour de chœur occupant tous les champs décoratifs et rappelant le lien étroit qui unit la cathédrale et les chanoines à la Vierge. C'est aussi le cas de la guirlande de fleurs et de feuilles enroulée dans une ceinture brodée de motifs floraux (embrasure des baies, 4e-12e travées), dont la répétition tout le long

27 Comme le décor ornemental du tour de chœur, les vitraux de la cathédrale avait eux-aussi comme rôle de signaler la présence des reliques, à ce sujet voir Claudine Lautier, « Les vitraux de la cathédrale de Chartres. Reliques et images », *Bulletin monumental*, 161-1, 2003.

28 Le vitrail de la Circoncision, conservé au *Victoria and Albert Museum* de Londres (Inv. C.297-1928) est visible en ligne sur le site du musée. Il nous intéresse dans la mesure où l'abbaye de Mariawald est située à environ quatre-vingts kilomètres de Liège, où résidait Érard de La Marck, évêque de Chartres de 1507 à 1525.

du monument devait évoquer pour le fidèle une autre relique du vêtement de Marie : sa Ceinture, dont deux fragments étaient conservés dans la sainte châsse[29].

Parmi les symboles du Sacrifice, les grenades entrouvertes (embrasure des baies, 4e-12e travées), la Vierge de Pitié (en médaillon sur la poitrine d'une statue d'évêque située sur le contrefort de jonction entre la 2e et la 3e travées), les *putti* endormis (candélabres et bas-reliefs, 4 e-2e travées) ainsi que les représentations d'os, de pelles, de bèches et de cercueils (petit contrefort de la 8e travée), renvoient d'abord à la chair du Christ, dont la part humaine est destinée à mourir sur la Croix pour sauver les hommes qui, dans l'attente du Jugement Dernier, redeviennent poussière. Ces motifs fréquents dans l'iconographie de la mort en peinture et en sculpture depuis le Moyen Âge se retrouvent à Saint-Pierre de Solesmes par exemple, où deux *putti* dorment au sommet des candélabres latéraux de la *Mise au tombeau* (1496), et sur les frises des galeries nord et est de l'aître Saint-Maclou de Rouen (1529-1533) qui sont décorées d'os, de crânes, d'os et d'outils liés à l'ensevelissement des corps. À Chartres cependant, les représentations d'os ne font pas référence au corps mort en général, mais à celui des saints chartrains, dont les os étaient conservés au-dessus d'elles, dans la tour des reliques.

Le thème de l'Eucharistie est, lui, figuré de deux manières dans le décor ornemental : par des symboles christiques d'une part, comme la cuve de raisin et les clefs de saint Pierre (candélabres et chutes d'ornements, 9e-12e travées), et par des représentations d'objets liturgiques d'autre part. Les chutes d'ornements du côté nord du tour de chœur sont en effet saturées de calices, de patènes, de vases, de ciboires, de burettes, de missels et de croix sans lesquels « les divins mystères ni le service des autels ne peuvent s'accomplir[30] » et comptent environ cinq représentations des gants que le célébrant devait porter pour ne pas salir les deux espèces durant l'eucharistie. Ces motifs abondent dans l'ornement sculpté, en particulier dans le domaine religieux où on les retrouve dans l'embrasure des baies de la façade occidentale de la Chartreuse de Pavie (1473-1493), et à Saint-Pierre de Solesmes, sur la colonne droite

29 Voir Charles Challine, *Recherches sur Chartres, transcrites et annotées par un arrière-neveu de l'auteur*, Chartres, Garnier, 1918, p. 174-176.

30 Théophile, *Schedula diversarum artium*, Charles de l'Escalopier (éd.), Nogent-le-Roi, Jacques Laget et Philippe Daviaud, 1977, p. 123.

du groupe de la *Pamoison* (vers 1530-1553) où ils sont plastiquement associés à la main droite du Christ portant le calice.

Enfin, les phénix, « dont la semblance [...] porte Nostre Sires Jhesu Crist[31] », et autres oiseaux exotiques (perroquets notamment ; base des contreforts, partie haute de l'horloge astronomique à la 3e travée), associés ou non à des flambeaux, ainsi que les soleils (3e travée) renvoient quant à eux à la Résurrection et à ses promesses, symbolisées par les très nombreux *putti* musiciens (1re-15e travées) et les chutes d'ornements contenant des instruments musicaux comme des flûtes, des trompes, des orgues portatifs, des guitares, des violons, etc. (3e-13etravées). Les croix à double traverse (base des contreforts et chutes d'ornements, 8e-12e travées), dont la partie nord du tour de chœur compte une quinzaine de représentations, appartiennent au répertoire iconographique de la Résurrection et des épisodes postérieurs en référence à celle que tient le Christ quand il sort du tombeau, quand il apparaît à sa mère ou descend aux limbes par exemple.

D'autres motifs comme les frises de coquilles Saint-Jacques nouées (embrasure des baies, 3e-14e travées) – le collier des chevaliers de l'Ordre du Roi – rappellent les liens entre la bonne ville de Chartres, son chapitre et la royauté. Les motifs comme les couteaux de boucher accompagnés de leur fusil, les fourchettes, les casseroles, les pics de rôtisseurs, les bouffons, etc. (candélabres et chutes d'ornements, 5e travée, deuxième section ; 6e et 8e travée) sont, eux, tirés de la culture populaire. Les satyres et les chimères, enfin, sont des motifs purement ornementaux très répandus en Italie, qui contribuent à donner au monument un caractère « à l'antique ».

Toutefois, certains éléments communs dans l'ornement italien, tel le motif de l'armure, prennent un sens différent à Chartres. La forte concentration de panoplies aux premières sections des cinquième et onzième travées fait en effet écho à la fonction de ces parties qui était de conserver le trésor, constitué de nombreuses armures offertes à la Vierge en reconnaissance de sa protection : armure dite de Charles V (vers 1360-1370), armure d'enfant de Charles VI[32], pourpoint de Louis de Bueil (1524), armure du sénéchal de Rouergue (1525), etc.

31 Pierre de Beauvais, *Le Bestiaire*, Craig Baker (éd.), Paris, Champion, 2010, XXVI, 1-2.

32 Les armures de Charles V (Inv. 2894) et Charles VI (Inv. 2895) sont conservées au Musée des Beaux-Arts de Chartres, les autres ont disparu.

AGENCEMENT DE L'ORNEMENT ET FONCTION DES ESPACES

Le regroupement des motifs du décor ornemental en quatre thèmes montre que l'ornement appartient au cycle iconographique décidé par les chanoines et qu'il participe à révéler le sens du décor sculpté, grâce à de petits détails que le fidèle pouvait saisir « en passant[33] ». À la différence d'un programme iconographique qui demande une attention particulière, l'ornement foisonnant du tour de chœur accompagnait indirectement les processions et les dévotions diverses. De fait, l'analyse montre que, loin d'avoir été pensé comme un simple morceau d'apparat, le décor ornemental a été ordonné en lien avec la liturgie et les pratiques dévotionnelles de la cathédrale. À l'impression d'abondance se surimpose donc un ordre, déterminé par l'organisation intérieure du sanctuaire et les lieux de station des processions.

L'axe Nord/Sud

Le décor ornemental du tour de chœur scinde le monument en deux parties égales selon un axe Nord/Sud, délimitant une première partie allant de la première section de la troisième travée à la quatrième section de la septième travée (Sud), et une seconde allant de la première section de la huitième travée à la quatrième section de la treizième travée (Nord). Tandis que le pan sud se caractérise par un décor composé essentiellement de frises végétales habitées de *putti*, d'oiseaux et de chutes d'objets de la culture populaire (5e, 6e et 8e travées), le pan nord est orné de motifs symboliques (par exemple croix et flambeaux, 9e-13e travées) et de chutes d'objets liturgiques. Cet agencement fait sens avec la structuration liturgique de la cathédrale en général : le côté nord est en effet relié à la sacristie, située en face de la quatorzième travée, et au palais de l'évêque, situé au nord-est de la cathédrale. Le côté sud est celui de la ville[34] et devait correspondre à la partie du monument dans laquelle les fidèles étaient autorisés

33 Jean-Claude Bonne, *« Y'a-t-il une lecture symbolique de l'ornement ? », Perspective, 1*, 2010, p. 29.

34 Une gravure de Rigaud, *Vue extérieure de l'église Notre-Dame de Chartres* (Chartres, Musée des Beaux-Arts, Inv. Esr.3) atteste de la présence de maisons et d'échoppes accolées au côté sud de la cathédrale. En outre, le côté nord était occupé par le cloître, le jardin et le palais de l'évêque.

à s'approcher, comme en témoignent encore deux gravures d'Émile Thérond[35] et deux aquarelles de James Robert[36] réalisées au milieu du XIXe siècle – soit avant le remaniement de l'espace liturgique opéré par l'architecte Victor Louis entre 1763 et 1789 – montrant des fidèles en prière devant le tour de chœur.

L'axe Est/Ouest

Le tour de chœur est aussi divisé selon un axe Est/Ouest : les trois premières travées nord et sud sont sculptées d'un décor ornemental qui ne change pas d'une section à l'autre, alors que chacune des sections de la partie tournante – de la cinquième à la onzième travée –, ainsi que chacun de ses contreforts majeurs et secondaires portent tous un décor différent[37]. Ici, l'ornement a directement été pensé en lien avec l'organisation liturgique du chœur et du sanctuaire : les parties droites, au décor constant, correspondent à l'emplacement des stalles hautes et basses où les chanoines, assis dans les stalles hautes et basses selon leur « ordre » et leur « rang[38] » lisaient, chantaient et priaient, alors que la partie tournante, au décor changeant, correspond à l'espace des processions.

Au statisme des prières quotidiennes qu'exprime le décor des premières travées répond donc le dynamisme des ornements et des processions extraordinaires de la partie tournante. L'*Ordinaire chartrain* du XIIIe siècle, resté en vigueur jusqu'au Concile de Trente, témoigne en effet que la chapelle axiale (celle des Apôtres), la chapelle rayonnante gauche (celle des Martyrs), la chapelle rayonnante droite (celle des Confesseurs) ainsi que les chapelles Saint-Laurent (située face à la 4e travée sud du tour de chœur) et Saint-Vincent (située face à la 4e travée nord du tour de chœur) étaient les principaux lieux de stations des processions. L'*Ordinaire* atteste en outre plusieurs cérémonies devant les reliques : le 16 septembre,

35 Philippe Benoist, « Cathédrale de Chartres. Clôture de chœur », dans *Le Magasin pittoresque*, août 1851, Chartres, Bibliothèque Municipale, Inv. BMC 1192, 1196 et 1205.

36 James Robert, *Intérieur de la cathédrale de Chartres*, 1836-1858 et 1837, Chartres, Musée des Beaux-Arts, Inv. 7048 et 7049.

37 Faute de place nous n'avons pas pu décrire le décor de chacune des sections. Pour plus de précisions voir Jean Beuvier, *Forme agencement et sens de l'ornement sculpté du tour de chœur de Charters*, mémoire de master 1 en Histoire de l'art, Marion Boudon-Machuel (dir.), Tours, CESR, 2016, II, p. 67-83.

38 *Règle de saint Benoît*, LXIII.

jour de la deuxième fête de saint Lubin, à la fin des matines de la veille de Noël, après les premières vêpres du 26 décembre, jour de la saint Thomas, ainsi que le lendemain, pendant la messe[39].

Cette concordance entre les parties les plus ornées du tour de chœur et les lieux les plus regardés durant les processions montre que la partie la plus ornée du monument correspond aux points d'arrêt des cortèges d'une part, et qu'il amplifie d'autre part l'importance du « rond-point » en lui donnant une autonomie significative qu'il est possible de relier en partie à la présence des reliques.

Le décor des portes

Comme les deux axes ornementaux qui donnent à voir la structure du monument dans le déambulatoire, le décor des portes nord et sud (3e travées), par la variété de ses formes et leur agencement, révèle la fonction éminente de ces parties destinées aux dignitaires du chapitre et aux invités de marque.

– La porte nord

La porte nord, située juste en face de la sacristie, était celle qu'empruntaient les chanoines pour rentrer à l'intérieur du chœur. C'était aussi celle utilisée par l'évêque, dont le palais était relié à la sacristie par une galerie[40] et dont le siège, comme celui du doyen, se trouvait immédiatement à droite en rentrant, à l'extrémité des stalles. La fonction de cette porte explique la présence des portraits d'empereurs « à l'antique », ces « grands hommes[41] » dont Sarah Munoz a récemment analysé la fonction valorisante pour le commanditaire, qui affichait ainsi sa culture humaniste[42]. Mais le choix des empereurs représentés est aussi intimement lié à l'histoire de la cathédrale Notre-Dame : Jules César est ainsi le premier à avoir mentionné l'existence du mythe

---

39 Yves Delaporte, *L'Ordinaire chartrain du* XIII*e siècle publié d'après le manuscrit original*, Chartres, Tantet et Catinat, 1953, p. 42.

40 Cette galerie a presque totalement disparu, seule subsiste une série d'arcades dans le jardin de l'évêché ; à ce sujet voir Maurice Jusselin, « Les "Écritoires" des notaires et procureurs en cour d'Église à Chartres au temps de François Ier », *Mémoires de la Société Archéologique d'Eure-et-Loir*, XXI, 1961, p. 205-210.

41 Plutarque, *Vies Parallèles*, François Hartog (éd.), Paris, Gallimard, 2001, p. 465.

42 Sarah Munoz, *Op. cit.*

druidique à Chartres dans ses *Comentarii de bello gallico*[43] et Néron, dont la représentation est accompagnée de l'inscription « le cruel César », est, quant à lui, le persécuteur des premiers chrétiens chartrains, dont les ossements ont été jetés dans le puits des Saints-Forts, conservé en-dessous du portrait, dans la crypte.

– La porte sud

La porte sud était celle qu'empruntaient les invités de marques : les rois de France, mais aussi les dignitaires, comme en témoignent quelques récits de cérémonies. Leur analyse croisée avec celle du décor ornemental permet d'observer qu'un siège à droite, au niveau de la quatrième section de la troisième travée, était destiné aux invités. Ainsi, en 1525 lors de l'accueil d'Étienne Poncher, évêque de Paris et archevêque de Sens, dans la cathédrale, Philippe de Barville, chanoine de Sens, le prit par la main droite « et le mena jusques dans ledit chœur, où il l'installa dans la première chaire de pierre du mesme costé[44] ». Plus tard, à l'occasion du sacre d'Henri IV le 27 février 1594, Nicolas de Thou, évêque de Chartres de 1573 à 1598, relate qu'au chant du *Magnificat* l'évêque « ayant baisé et encensé le maistre-autel, porta l'encens à Sa Majesté en son siège de parade, à la première chaize du chœur à costé droict[45] ». C'est probablement sur ce siège, présent à cet emplacement entre 1525 et 1594 au moins, que l'on faisait s'asseoir les rois de France ; une hypothèse renforcée par les nombreuses références à l'iconographie royale (armes de France, ceinture d'Anne de Bretagne, acanthes, etc.) dans le décor ornemental de la troisième travée. Ce dernier compte en effet des représentations des armes de François Ier et de Claude de France – ou d'Anne de Bretagne, venue en pèlerinage à Chartres en 1510 –, dont l'entrée dans la cathédrale le 11 novembre 1518 fut accompagnée de « quantité d'écriteaux et devises contenant les louanges du roi et de la reine[46] ».

43 Jules Cesar, *Comentarii de bello gallico*, Livre VI, 6, 13.

44 Jean-Baptiste Souchet, *Op. cit.*, p. 528.

45 Nicolas de Thou, *Cérémonies observées au sacre et coronement du très chrestien et très valeureux Henry IIII, roy de France et de Navarre, ensemble en la réception de l'Ordre du S.-Esprit en l'église de Chartres, ès 27. et 28. jours du mois de febvrier de 1594*, Paris, Jamet Mettayer et Pierre L'Huillier, 1594, n.p.

46 Jean-Baptiste Souchet, *Op. cit.*, p. 501.

Les rapports qu'entretenait l'ornement du tour de chœur avec les pratiques liturgiques de la cathédrale Notre-Dame obligent à intégrer son étude dans celle du système religieux pour lequel il a été élaboré et au sein duquel il trouve sa raison d'être. Conçu comme une parure du chœur où les chanoines siégeaient comme dans « ung paradis[47] », il offre en effet l'exemple d'une œuvre élaborée et riche de significations.

Jean BEUVIER
Étudiant de master,
Centre d'études supérieures
de la Renaissance,
Université de Tours

47 *Lentree de la royne de France en la ville et cite de Chartres*, Paris, Guillaume Bossozel, s. n., 1532, n.p.

QUATRIÈME PARTIE

REBÂTIR APRÈS LE DÉSORDRE

LES INFLUENCES DES GUERRES DE RELIGION

sur l'évolution socio-économique et le paysage architectural de Maillé-Luynes, XVIᵉ-XVIIᵉ siècles

AVANT PROPOS

Peu d'auteurs se sont penchés sur le contexte des Guerres de Religion en Touraine, outre Jean-Louis Chalmel, seul Armand Dupin de Saint-André a publié des études spécifiques. L'essentiel de ses informations lui a été fourni, semble-t-il, par les archives municipales de Tours. Depuis ces anciennes références quelques auteurs ont apporté des compléments, ou revu profondément, certains points, mais aucun n'a repris l'ensemble du dossier couvrant une bonne part de la seconde moitié du XVIᵉ siècle[1]. Pour ce faire, en plus des auteurs sus cités, et de quelques autres, nous avons exploré divers fonds d'archives, ceux de Tours évidemment, ainsi que ceux des paroisses environnant Maillé-Luynes, en complétant cela par quelques témoignages d'auteurs contemporains des faits, et par une étude de bâti menée sur le terrain.

Nous nous interrogions sur les diverses mutations que cette ville semble avoir connues entre le XVIᵉ et le XVIIᵉ siècle, notamment par des changements de dynasties de seigneurs et de statuts de seigneurie, passant d'une baronnie à un comté, puis à un duché-pairie, changeant à cette occasion de nom. Au-delà nous cherchions à percevoir les signes d'une éventuelle évolution socio-économique, son possible rapport avec les indices repérés par l'étude architecturale dans les éléments datant de

1 À l'exception partielle d'une synthèse donnée par Pierre Leveel dans son *Histoire de la Touraine* (1988).

cette période. La question du contexte socio-historique est vite apparue comme essentielle, d'autant que la ville a elle-même joué un rôle non négligeable dans ces processus. Il s'agissait d'essayer de définir et de préciser ces alternances de désordres et d'ordres de natures diverses, souvent imbriqués les uns dans les autres, et leurs incidences sur l'évolution de la ville et de sa société.

Pour ce faire nous commencerons ici par présenter le contexte historique du cœur de la Touraine d'alors, en nous appuyant sur la relecture des textes évoqués plus haut et sur les sources qui les avaient nourris, complétées par d'autres. Il ne s'agit évidemment pas de retracer l'histoire des Guerres de Religion au cœur de la Touraine, mais uniquement de décrire les épisodes dans lesquels la ville de Maillé-Luynes est impliquée. Puis nous tenterons de percevoir à un niveau plus local quelles incidences cela eut à l'échelle de la ville, et si les mutations évoquées plus haut puisent toutes leur origine dans les circonstances difficiles de cette période. De façon schématique il s'agit de percevoir si les désordres généraux ont provoqué un nouvel ordre luynois, ou si de façon plus complexe ces ordres et désordres ne sont pas multiples, parfois consécutifs, parfois concomitants.

LA SITUATION AU CŒUR DE LA TOURAINE DURANT LES GUERRES DE RELIGION, 1562-1594

1er mars 1562, le massacre de Wassy par les troupes du duc de Guise provoque une réaction en chaîne dans tout le royaume. En avril c'est Tours qui est ravagée par les protestants, puis en juillet par les catholiques. Soucieux de calmer les esprits Charles IX promulgue le 19 mars 1563 l'édit de pacification d'Amboise, dans lequel il est précisé que chaque seigneur ayant adopté la nouvelle religion pourra célébrer le culte dans son château, limité à leur seule famille pour ceux qui ne sont pas hauts justiciers, et qu'une ville sera désignée par bailliage pour y accueillir le temple. Après plusieurs tergiversations sur le choix de la ville, c'est Maillé qui est désignée pour la Touraine. Selon Dupin de Saint-André la prise de possession officielle du temple eut lieu le 4 septembre 1564 en présence de 200 réformés[2]. Ce point pose problème puisqu'une ordonnance du gouverneur de Touraine, datée du 12 juin de la même année, mentionne un arrêt du Conseil du roi du 8 mars précédent, reléguant le prêche de Maillé dans la ville de Langeais[3]. Précisons un point qui a son importance, le temple se trouve certes à Maillé pendant un temps, mais pour les instances de pouvoir, civiles comme religieuses, il s'agit du temple de l'Église réformée de Tours.

Maillé est une petite ville située à environ 15 km de Tours en direction de l'ouest, à peu de distance de la rive nord de la Loire. Chef-lieu d'une puissante baronnie durant une bonne part du Moyen Âge, cette dernière sera érigée en comté en juin 1572, puis en duché-pairie sous le nom de Luynes en août 1619.

Ce choix de Maillé comme siège du temple protestant ne convient pas au parti catholique, en particulier parce que les massacres d'avril 1562 ont laissé des traces durables dans les mémoires. À défaut de le voir supprimer il pousse sans cesse à l'éloigner au maximum de la capitale de la province. Les Huguenots subissent de nombreuses avanies au cours de leurs trajets pour aller et revenir de Tours au temple de Maillé, comme en témoigne une lettre qu'ils adressent vers août 1563 aux édiles et magistrats[4] :

> A M. le bailli de Touraine et MM. tenant le siège présidial de Tours,
>
> supplient humblement ceulx de la relligion refformée de ceste ville de Tours. Comme à l'occasion que dimanche dernier aucuns sédicieux s'accoururent vers la porte des Tanneurs, lesquels firent plusieurs excès et injures à ceulx qui retournoient de Maillé, et ce contre les édits du roi et règlemens sur ce faits, affin que le jour de demain et autre jour qu'ils vont audit Maillé ne leurs soient fait un semblable excès ou injures, et qu'ils puissent librement y aller et venir selon le voulloir de sa majesté, vous plaise réprimer telles insollences [...], et en ce faisant faire publier derechef par toute la ville, faubourgs et sur les ports le règlement fait par M. le maréchal de Vieille-Ville.

Il semble donc bien qu'il faille considérer l'installation du prêche à Maillé, peut-être de façon officieuse, mais en tout cas réelle, comme antérieure

2 Dupin, 1885, p. 105.

3 Archives municipales de Tours, EE5.

4 Archives municipales de Tours, EE4-2. Cette lettre n'est pas datée, mais la référence au maréchal Scépeaux de Vieille-Ville, commis par le roi en août 1563 pour pacifier la province, permet d'en estimer la période.

au mois d'août 1563, et que ce culte fut interrompu, officiellement du moins, à plusieurs reprises sur requête des catholiques, et de droit transféré dans d'autres lieux, le plus souvent à Langeais, puis réinstallé à Maillé, toujours officiellement. Mais, comme nous le verrons, ces ordres de transferts furent sujets à bien des péripéties et manigances, et pas toujours concrétisés sur le terrain.

La requête des protestants auprès du maréchal ne semble pas calmer les esprits. Une enquête est ainsi menée par deux sergents royaux à Maillé même[5], entre le 21 octobre et le 12 novembre 1563, suite à une plainte pour port d'arme prohibé et autres délits. Des témoignages recueillis il ressort qu'une troupe d'hommes en armes, dont des pistolets, est venue de Tours dans la petite ville quelques jours avant la première date, qu'elle y a poursuivi un habitant, puis est repartie après l'avoir grièvement blessé[6]. Plusieurs passages de cette troupe sont relatés par les témoins, qui identifient certains de ses membres. Deux points sont à relever : premièrement que les hommes en armes venaient probablement pour se venger des massacres de 1562, ayant identifié un de ceux qui auraient alors jeté des personnes dans la Loire[7] ; deuxièmement que l'attitude de Guy Charruau, bailli de Maillé, est pour le moins étrange, puisqu'alerté le 3 novembre par des gardes du baron du fait que l'homme avec lequel il discute est recherché, car décrit par un témoin comme d'aspect identique à un des hommes susceptibles d'avoir commis les faits, il s'adresse à lui en l'appelant mon cousin, lui rappelant que la possession d'arme à feu est interdite (nulle mention de la tentative de meurtre), pour ensuite dîner avec lui dans sa demeure ! Nous ignorons quelle suite fut donnée à la procédure, s'il y en eut une.

Nous avons vu qu'un arrêt du 8 mars 1564 relègue le prêche à Langeais. Cependant dans des doléances adressées au roi en octobre les protestants mettent en avant les exactions dont ils sont victimes[8] : « *Item*, de violation de sépultures, de troubles dans leur prêche au village de Maillé et dans l'exercice de leur religion, d'enlèvement de leurs enfants

5 *Ibidem*.

6 Ni la religion des assaillants, ni celle de l'agressé, ne sont précisées.

7 Archives municipales de Tours, EE4-2, témoignage en particulier d'Antoine Marionneau, meunier, qui dit avoir clairement entendu dire par un assaillant : « Tue, tue voici ces noyeurs de Tours ! ».

8 *Ibidem*, EE5.

pour les faire baptiser, de pillage de leurs maisons et de leurs biens [...] » L'arrêt ne semble donc pas avoir été appliqué.

En raison des séditions de juin et juillet 1564, plusieurs notables protestants se sont réfugiés à Maillé, en particulier des magistrats du présidial comme le lieutenant général, Adrien Quinart, le lieutenant particulier, Gervais Goyet, l'avocat du roi, Jean Falaiseau, le substitut, Jean Houdry, et divers conseillers. En réaction le clergé et le corps de ville de Tours obtiennent du duc de Montpensier, lieutenant général de Touraine, d'Anjou et du Maine, l'autorisation[9] de faire le guet en armes, à l'exception de celles à feu, aux portes de la ville. Leur argumentation reposait sur le fort soupçon que les protestants s'étaient réfugiés à Maillé pour y fomenter une révolte armée.

Un commissaire, Gabriel Myron, est envoyé dès juillet 1564. Le 13 novembre il envoie à Maillé un sergent royal porter un exploit à divers membres du présidial qui s'y sont réfugiés[10], leur intimant l'ordre de rentrer pour reprendre l'exercice de leurs fonctions. Dans cet exploit Gabriel Myron se dit « commissaire pour la pacification des troubles ». Le lieutenant particulier répond qu'il a dû quitter Tours à cause de la peste et qu'il est en mission pour affaire du roi. Il déclare aussi qu'il a été informé par ses coreligionnaires qu'une requête en récusation du commissaire a été présentée au roi, qui a abouti à sa révocation le 3 septembre par le Conseil. En conséquence il déclare qu'il ne peut obéir à l'ordonnance, ni répondre quoi que ce soit à propos des séditions passées. L'avocat du roi fait une réponse du même ordre. L'ensemble des déclarations a été consigné par deux notaires de Maillé, le procès-verbal ayant été signé par les magistrats du présidial se trouvant sur les lieux, par le pasteur Joachim Marchay et divers membres de la communauté, par un notaire royal de la ville et par le greffier de la baronnie. Cet acte est remis au sergent royal avec une copie de l'arrêt du Conseil.

Il apparait dans le long compte-rendu d'une seconde requête adressée au roi par les huguenots[11] que le commissaire n'a pas tenu compte de sa révocation et exerce encore en novembre, soutenu par le maire de Tours, par un chanoine de Saint-Martin et par les juges du présidial. Interrogé

---

9 *Ibidem*, copie de l'ordonnance du 8 novembre.

10 *Ibidem*, procès-verbal de Pierre Vigneau, sergent royal, 28 pages papier, daté des 13 et 14 novembre.

11 *Ibidem*, 23 pages papier, daté du 14 novembre 1564.

sur ce fait Gabriel Myron reconnait n'avoir eu aucune commission légale mais affirme qu'il n'a exercé aucune autorité. L'existence de plusieurs ordonnances signées de sa main prouve l'inexactitude de cette affirmation. Il ressort aussi du compte-rendu que les magistrats huguenots l'avaient piégé en lui proposant de discuter, alors qu'ils savaient qu'il n'était détenteur d'aucune puissance publique. On comprend en filigrane que les catholiques de Tours ont pour le moins été maladroits en s'appuyant sur un magistrat qui leur était favorable, mais qui ne disposait d'aucune autorité légale. Bien que maintenus pas le roi dans leurs fonctions les magistrats réfugiés à Maillé ne peuvent revenir à Tours ni exercer leurs fonctions.

Un détail est aussi à relever, qui avait échappé à Dupin de Saint-André, à savoir le fait que les magistrats huguenots résident au château de Maillé, où se présente le sergent royal. Ce point n'est pas sans importance, comme nous le verrons plus loin. À cette époque le baron est Jean de Laval (1542-1578), seigneur de Loué, chevalier des ordres du roi, issu de la puissante famille de Montmorency[12], proche de Charles IX et alors lieutenant d'une de ses compagnies de 50 hommes d'armes[13]. Comme en témoignent ses contrats de mariage et les registres paroissiaux de Maillé, il est catholique.

En décembre 1564 c'est au tour des catholiques de la capitale tourangelle de revendiquer la suppression du temple de Maillé. Ayant mal digéré leur décrépitude des mois précédents et mécontents de l'absence de décision en leur faveur, ils sollicitent à nouveau l'appui du duc de Montpensier pour retrouver du crédit auprès du roi :

> Vous supplient les suppliants remontrer au roi les intolérables incommodités qu'ils reçoivent de la proximité de la prêche et aultre exercice de ladite nouvelle religion qui se fait audit Maillé, le notable intérêt qu'y a pour sa majesté l'injure, l'opprobre et le scandale que en reçoit la religion catholique et ancienne, de laquelle sa majesté fait profession, en ce que la ville de Tours est métropolitaine de neuf évêchés, de deux provinces, chef et capitale de votre gouvernement, le magasin des poudres et munitions de ladite majesté, le siège de la généralité, le compteur de 15 ou 20 grands receptes, la demeure et habitation de plus d'artisans et forgeurs d'armes qu'il n'y en a en autres villes du royaulme, et feust-ce la ville de Paris.

12 Il en deviendra même le chef suite au décès du dernier membre de la branche aînée.

13 Le roi le nommera capitaine en 1573, puis lui confiera une compagnie de 100 gentilshommes en 1578.

Les suppliants jouent ainsi sur la fibre religieuse aussi bien que sur le risque sécuritaire :

> Toutes lesquelles choses profiteraient aux malins ambitieux et mateurs de troubles à qui le lieu de Maillé, à cause de la forteresse du château dudit lieu et de sa proximité de la ville, leur monstre et apreste le chemin certain pour faire telles entreprinses. Pourquoi le sieur de Chemaulx n'auroit voulu céder à leurs importunités pour avoir le lieu de Maillé et les auroit establi au bourg de Langeais ; cependant ils ont puis naguères obtenu du roi par surprinse et circonvention ledit lieu de Maillé. Pourquoi les suppliants sont en perpétuelle inquiétude et travail d'esprits à cause des inconvénients ci-dessus, qu'ils prévoient en pouvoir advenir à la ville et pour autres considérations que vous pourrez mieux faire entendre pour notre repos et celui de la ville.

Il ne semble pas que le pouvoir royal ait réagi, ne souhaitant sans doute pas suivre de simples suspicions au risque d'envenimer les choses.

La situation reste très tendue et explosive, le moindre prétexte pouvant la faire dégénérer. Le 8 juillet 1565 deux catholiques sont tués sur le pont de Tours, ces meurtres sont attribués aux protestants qui reviennent du prêche de Maillé. Le lendemain au cours du convoi funéraire une émeute éclate sur la base de rumeurs, aboutissant au massacre de huit huguenots[14]. Il ressort du procès-verbal, qui veut donner l'impression que la situation a échappé aux édiles, que les faits sont plus complexes. D'une part on omet de préciser que les huguenots subissent de multiples avanies à chaque trajet, aux conséquences parfois mortelles, et qu'aucune de leurs plaintes n'a connu de réponse judiciaire ou policière. D'autre part on a laissé se répandre des bruits infondés chez les catholiques et couvert certaines attitudes outrées ou mensongères. L'arrivée subite d'une troupe armée au cours du cortège laisse à penser qu'il s'agissait d'un attentat prémédité, d'autant qu'un témoin affirme qu'on lui a dit la veille qu'il y aurait du tapage. L'absence de sources sur la période qui suit, et ce jusqu'à la fin de l'année 1567 empêche de décrire un quelconque déroulé des évènements. On peut cependant présumer que les tensions et provocations continuèrent au vu de ce qui se produisit par la suite.

Au début de l'année 1568 le corps de ville de Tours s'adresse à Guillaume Ruzé (v. 1520-1587)[15], alors abbé de Castres et confesseur du

14 Archives municipales de Tours, EE5, PV des 8-10 juillet 1565.

15 Lettre de ce dernier aux élus de Tours datée du 5 janvier, Archives municipales de Tours, EE6.

roi, afin qu'il intercède pour eux auprès du souverain dont ils craignent la réaction suite aux actes récents commis à Maillé. Il apparait que le 1er janvier une troupe formée de gens du peuple, venue de Tours, a investi le temple de la petite ville, égorgé le pasteur alors en chaire[16], tué quelques membres de la communauté, emmené et emprisonné quelques autres, et, revenue à Tours, pillé leurs maisons. Pour une fois la réaction du roi est rapide[17], il fait part à la ville de son vif mécontentement et ordonne au gouverneur : « Quant aux prisonniers qui ont esté pris à Maillé, s'ils ne sont chargés d'avoir faict acte d'hostilité, vous les ferez eslargir et mettre en liberté ; et où ils se trouveront chargés de rebellion, vous les retiendrez en nous envoirez incontinent les charges et informations contre eulx faictes pour y pouveoir ainsi que le cas requerra. » Dans le même courrier il répond aussi positivement à une autre requête de la ville en ordonnant que sur la troupe de 120 soldats qui y réside à la charge des habitants, on n'en garde que 50 pour « contenir le peuple de séditions et pour chastier ceulx des environs qui s'obliront tant en leur debvoir que de faire pratiques et menées au préjudice de nostre service. », les 70 autres devant être soldés « affin qu'ils n'ayent occasion en leur retirance de fouller et opprimer nos subjects. » Le fait que le roi s'attarde beaucoup plus longuement à satisfaire la ville qu'à régler en justice le sort des protestants est significatif. Les demi-mesures sont devenues la règle : ménager le camp auquel il appartient, tout en n'irritant pas trop l'autre part de ses sujets. Mais en agissant ainsi, sans toujours tenir compte des avanies quotidiennes que ces derniers subissent, ou plus encore des conséquences terribles que le laxisme engendre – il y a eu meurtre, et même assassinat manifeste, qui reste impuni[18] – sans pour autant satisfaire les catholiques les plus acharnés ou prendre des mesures susceptibles de les contraindre efficacement, il ne peut qu'encourager l'escalade des exactions, créer une insatisfaction et entretenir en germe des perturbations au sein même de l'ordre qu'il prétend apporter au désordre ambiant.

Les conséquences de cette impunité ne se font guère attendre. Allant à l'encontre de l'édit de Longjumeau du 23 mars, reprenant et confirmant

16 Semble-t-il un certain Lacroix, puisque l'autre pasteur, Joachim Marchay, l'est encore en 1572.

17 *Ibidem*, lettre du 6 janvier.

18 La lettre du roi ne contient pas un mot sur les crimes commis, qu'on a dû probablement lui rapporter, même en les minimisant.

celui d'Amboise, le roi informe la ville[19] qu'il accède à sa requête en accordant le transfert du prêche de Maillé dans un autre lieu « le plus esloigné de nostre ville de Tours que faire se pourra [...] », diminuant au passage la charge d'entretien de la garnison qui devra désormais être partagée avec le clergé.

Il apparait par divers courriers que les catholiques de la ville intriguent auprès du roi en flattant des personnages de son entourage, comme le seigneur de Chavigny dont l'épouse est issue de la famille des ducs de Bouillon, leur adressant divers cadeaux[20]. Ils savent aussi qu'ils peuvent compter sur le gouverneur de la province, Louis de Bourbon, farouchement hostile aux réformés. Dans une lettre il les informe qu'il a été averti de la décision du roi et les assure de l'appui de son fils François, duc de Montpensier, tout aussi résolu que son père, mais aussi de celui du sieur de Loué, qui n'est autre que Jean de Laval-Montmorency, baron de Maillé. :

> J'ai connu que sa Majesté, inclinant à la requête et remontrance que faite lui a été par vous, veut et entend que l'exercice de la nouvelle religion qui se souloit faire à Maillé, soit levé et ôté pour être mis et établi en quelque autre lieu le plus éloigné de votre ville que faire se pourra ; et pour cet effet mande à mon fils d'en ordonner, ainsi qu'il verra et connaîtra être expédient et nécessaire. Et encore que je ne fais point de doute que mon fils et monseigneur de Loué, considérant ce qui est en cela de l'intention de sa Majesté ne regardant de la suivre incontinent et y satisfaire au plus tôt qui leur sera possible.

Dans son obsession de revanche et de vengeance il apparait que le parti catholique a utilisé le mensonge, ou pour le moins agi une fois de plus avec imprudence. Jean de Laval adresse le 21 mai aux élus de Tours une lettre[21] dans laquelle il leur exprime sa colère pour avoir prétendu qu'il était favorable au départ du prêche protestant de sa ville de Maillé, et les informe qu'il a averti le roi de cette usurpation :

> Messieurs les maire et eschevins,
>
> j'ay receu la le*tt*re de monseigneur de Montpensier à laquelle je fais responce, quant à celle que m'avez escripte, je ne suis pas beaucoup obligé à

19 Archives municipales de Tours, EE6, lettre du 9 mai.

20 *Ibidem*, lettre du 18 mai d'Antoinette de la Tour, remerciant le corps de ville pour ses présents.

21 *Ibidem*.

vous gratiffier, veu les impostures que vous avez mandées et escriptes à sa Majesté, q*ue* j'ay aprinses tant par *qu'i*l luy a plu me f*air*e cest honneur de m'en dire, que par la coppie des lettres que vous en avez escriptes, qui m'en est une suffisante preuve.

Je ne scay à quelle occas*ion* vo*us* vous estes tant oubliez, ne vo*us* en ayant, mes prédécesseurs ne moy, jamais donné d'occasion. C'est l'endroit où me recommandant ~~affectionnement~~ à vos bonnes grâces je prye Dieu *qu'i*l vous donne ce q*ue* vous désirez. A Maillé ce 21 may 1568.

Vo*t*re voisin. (Signé :) Loué.

Le duc de Monpensier a beau exprimer son étonnement et sa déception, sous-entendant que le baron de Maillé a une opinion changeante[22] : « Il ne faict pas grand instance d'oster le prêche de Maillé à ceulx de la religion nouvelle. Je pensois bien qu'il y seroit plus affectionné, veu les propos que je luy en ay ouy tenir. », ce que l'on peut considérer comme une sorte d'aveu au moins d'exagération de sa part, il doit reconnaître que les derniers évènements ont bousculé les espérances des Tourangeaux en étant contraint de les informer du revirement de situation[23] : « Je n'ay voullu toucher à la translation du lieu de l'exercice de la nouvelle religion sans premièrement en advertir sa Majesté et aveoir d'elle ung particullier commandement pour cest effect. » Il sait parfaitement qu'il n'est jamais bon d'offenser l'honneur d'un gentilhomme, plus encore s'il fait partie d'une famille puissante et bien en cour, d'autant que Jean de Laval n'est pas dans le camp adverse !

La situation du prêche reste officiellement indécise. Le 17 juillet le duc de Montpensier informe les édiles de Tours qu'il a écrit au roi et à divers membres de la famille royale afin que ne soit pas installé un prêche à Colombiers[24]. Ce bourg et son château se trouvent à une quinzaine de km de Tours, sur la rive sud du Cher. Il n'est pas précisé s'il s'agit d'un transfert de celui qui se trouve à Maillé ou d'un nouveau lieu de culte. Notons cependant que cette information émane, une fois de plus, des élus de Tours. Dans la réalité il semblerait que le prêche soit resté à Maillé jusqu'en 1570 au moins, puisque le 15 août de cette même année, l'édit de pacification de Saint-Germain concède vingt-quatre lieux de prêches publics répartis dans divers gouvernements ; pour ceux

22 Archives municipales de Tours, EE6, lettre du 28 mai 1568.
23 *Ibidem*, 15 juin.
24 Ce bourg prendra plus tard le nom de Villandry.

d'Orléans, de Touraine, du Maine et du pays chartrain, deux lieux sont désignés : Sancerre et Maillé.

Durant cette même période extrêmement tendue et fluctuante, sujette à des édits et ordonnances contradictoires, il est un autre sujet qui préoccupe les Tourangeaux, nous l'avons déjà évoqué : celui de la solde de la troupe qui réside en ville. Ceux-ci avaient obtenu une forte diminution de la garnison à leur charge. Mais au vu de la situation, M. de la Chastre, lieutenant du roi, écrit au souverain le 7 mai 1568[25] : « M. de Chavigny vous a dict en ma présence, Sire, comme il estoit malaysé de contenir le peuple de Tours, s'il n'y avoit de gens de guerre dedans. » Les soldats licenciés devaient être soldés. Or en 1569 le curé de Fondettes note « Ce jour, 23e jour de moys de janvier, ce bourg estoit plain de gendermes. », et plus bas à la date du 27 « Les vilains ja*ns* merdes s'en sont allez. » Plus tard en 1572, ce même curé note à deux reprises le passage de troupes armées : « Ce jour susdict [31 mai] qu'il estoyt de s*ain*te Pétronille, sont sortiz de villains voleurs, larons, gens merdes, qui avinèrent le jour p*ré*cédant de S*ain*t-Laurent-de-Gastines. Je supplie à Dieu o*mni*potent et à toute la cour céleste de les destruire et touz ceulx qui leur senblent. » Puis le 8 juillet[26] : « [une femme] qui avait été blessée de vilains gendermes il y a quinze jours [...] »

Aux désordres nés directement du conflit religieux, s'est ajouté un autre désordre dû à la présence de profiteurs ou de soldats en errance, pillant et rapinant la campagne, à l'exception des zones où résident des garnisons (on ne note aucune incursion à Maillé par exemple). Si la réduction de la garde royale de Tours satisfait les citadins, elle se fait au détriment de la police des faubourgs et des zones rurales. Il est bien possible que ces troupes soient constituées des soldats licenciés, qu'ils aient été soldés ou non. Cette situation durera longtemps si l'on en croit une note du curé de la paroisse Saint-Venant de Maillé, rédigée dans un acte de baptême du 22 avril 1577[27], précisant à propos de la mère : « accouchée en ceste parroisse pour raison de la fuitte des gendarmes. »

La situation du prêche est beaucoup plus confuse après 1570. Nous n'avons trouvé aucune indication officielle de son lieu d'exercice. Les

---

25 BnF, fr. 15546, f. 22.

26 Archives communales de Fondettes, registre des baptêmes de la paroisse Saint-Symphorien, GG1.

27 Archives communales de Luynes, 1E16.

archives de la ville de Tours ne mentionnent plus rien à ce sujet. Nous savons juste qu'une communauté de protestants existait encore puisqu'en juin 1572 elle sollicite le Conseil de Genève pour obtenir la venue de Jean Le Gaigneux en tant que pasteur, cette requête est appuyée dès le mois de mai par l'amiral de Coligny qui argumente ainsi[28] : « Vous serez tousjours bien aises de favoriser ung si saint œuvre et qui peult tant advancer la gloire de Dieu, et au contraire marrys de veoir la ruyne et dissipacion d'une si belle Église que ceste là, comme l'on ne doubte point qu'elle n'advint s'ilz n'obtiennent ledit sieur Le Gaignieux [...] » Ce dernier était originaire de Touraine semble-t-il et était passé par Maillé en 1565.

Il ne semble pas qu'il y ait eu de massacre à Tours, ni à Maillé, lors de la saint Barthélémy[29]. Une délibération du corps de ville de Tours, datée du 25 septembre 1572, indique que M. de Prie, gouverneur et lieutenant général en Touraine, résidant dans son château de Montpoupon, avait adressé des copies des ordres reçus de Paris ordonnant le massacre ; le corps de ville ne semble pas avoir réagi. En revanche une émeute populaire éclate le trente septembre, qui se solde par sept jours de pillages, les protestants semblant avoir fui auparavant. Le gouverneur, pourtant averti, ne se rend sur place qu'au bout de quatre jours et menace de peine de mort les pillards, intimant l'ordre aux fugitifs de revenir et les informant qu'on leur rendra leurs biens s'ils se convertissent[30]. Est-ce en raison de ces attitudes ambiguës que l'on constate qu'aucune charte ni aucun registre de délibérations du corps de ville n'ont été conservés pour les années 1572 à 1575 ?

Ces évènements ont sans doute eu une influence capitale pour la ville de Maillé. Le comte Boulay de la Meurthe mentionne un « arrêt » du Parlement de Paris du 7 avril 1579[31] qui, selon lui « nous apprend que des ouvriers en soie, évidemment calvinistes, s'étaient séparés et retirés à Maillé, siège du prêche, et qu'ils y sollicitaient du roi les privilèges dont jouissaient les manufactures établies à Tours même. » À la lecture

28 Cité par Simone Lecoanet, *BSAT*, t. 37, 1975, p. 490-492, mentionnant les *Registres de la Compagnie des pasteurs*, publiés dans Théodore Bèze *et al.*, *Travaux d'humanisme et Renaissance*, t. LV, CVII et CXXXVII,

29 Ce point fait encore débat. Des témoignages contemporains, certes peu précis, disent qu'il y eut des morts.

30 Archives municipales de Tours, EE7.

31 « Histoire des Guerres de Religion ... », *MSAT*, 1906, note 1, p. 170.

de l'original du texte en question, trois points doivent être modifiés dans ce commentaire. Premièrement il ne s'agit pas d'un arrêt mais d'une ordonnance de complément d'information suite à une requête, deuxièmement rien n'est dit sur la religion de ceux qui sont à Maillé, les marchands de Tours craignent juste la concurrence qui pourrait leur être faite, et troisièmement le texte ne mentionne pas le prêche :

> Veue par la cour la requeste à elle présentée par les marchands et ouvriers de draps d'or, d'argent et de soie de la ville de Tours, et tendant pour les causes y contenues et autres, que la manufacture de soie soit fait érigée en ladite ville par lettres patentes v*é*r*i*ffiées en lad*ite* cour. Que néantmoings aucuns serviteurs des suppliants et compagnons dudict mestier s'estant distraicts de leurs maisons et retirés au bourg de Maillé, auroient obtenu lettres patentes du roy adressant à la Cour des généraulx des Aydes à Paris, pour faire de ladite manufacture de soie, et requis semblables privilèges que ceulx dudit Tours, qui seroit en totalle ruine des bons ouvrages de soie, attendu qu'ils façonneront et feront à l'advenir une infinité de mauvais ouvrages et corrompus, pour plusieurs raisons qu'ils entendent et désirent il pleust à ladite Cour ordonner que deffense leur fussent faictes de prétendre les enthérinement de toutes lettres en ladite Cour des Aydes[32]...

Nous ne connaissons pas la suite de la procédure, mais on peut considérer que le fait d'avoir obtenu des lettres patentes les autorisant à former une communauté de métier signifie que les soyeux de Maillé étaient en nombre suffisant pour le justifier, raison de l'inquiétude de ceux restés à Tours, ce qui les mènent à minimiser la qualité et la compétence de ceux retirés à Maillé. Il est difficile de croire que de simples compagnons aient pu obtenir ces lettres patentes. Nous reparlerons de cet aspect dans la partie suivante.

À partir de 1572 plus aucune source n'indique le lieu du prêche, ce qui a amené certains auteurs à conclure qu'il n'était plus à Maillé. En fait nous n'en savons rien. Il est possible qu'il se soit déroulé dans des lieux divers selon les opportunités. Il est certain en revanche qu'une communauté existait encore comme nous le verrons un peu plus loin.

Concernant le rôle de la petite ville durant la suite des troubles, c'est le registre des *Dépêches communes du roi* qui nous renseigne. Depuis la mort du frère d'Henri III en 1584, l'héritier légitime de la couronne est son cousin Henri de Navarre, qui est protestant. Le roi a pris parti pour la Ligue qui

---

32 Archives nationales, X^{1A} 1663, p. 380 r°.

refuse d'envisager cette succession. Les troupes des réformés remontent du Poitou et cherchent à franchir la Loire. Elles sont dans le sud de la Touraine en 1587. En avril le roi félicite les élus de Tours : « Vous avez bien fait de donner ordre à faire retirer tous les bacs et bateaux étant sur les rivières de Loire et Cher pour empêcher ceux de la nouvelle opinion qui se sont approchés de l'Isle-Bouchard, Loudun et Saumur, répandus en ces quartiers là, ne s'en puissent servir pour se saisir de quelque port sur les rivières, ou à les passer » En septembre le curé de Thilouze[33] note : « Les Huguenots des troupes du roy de Navarre arivèrent le mercredi 9e de septembre et y furent jusqu'au dimanche ensuivant. Lesquels rompirent les ymaiges et dispersèrent les statues, et firent grandes pilleries en ladite paroisse et les paroisses circonvoisines, vollèrent et pillèrent les chastels [...] »

Le roi fait alors cantonner des troupes dans les principaux châteaux, en particulier ceux qui contrôlent des points de passage du fleuve, comme Langeais, dès le mois de mai, puis Maillé[34] :

> Désirant qu'il soit pourvu à la garde et seureté de n*ot*re ch*âte*au de Maillé, en n*ot*re obéissance, pour éviter que nos subjets de la nouvelle oppinion eslevés en armes contre n*ot*re service, qui s'asseurent de prendre ung passaige et se saisir des villes et places fortes qui sont sur la rivière de Loire, ne s'en puissent prévalloir, estant led*it* ch*âte*au de Maillé de très grande importance, tant po*u*r led*it* passaige que po*u*r la seureté de n*ot*red*it* pays de Touraine ; à ces causes nous [...] vous mandons que vous ayez à commectre et establir ung capp*itai*ne saige et advisé, avec six soldats, pour la garde dud*it* ch*âte*au de Maillé [...]. Et pour lui donner moyen de s'entretenir en lad*ite* charge, led*it* capp*itai*ne aura dix escus et ch*ac*un desd*its* soldats trois escus ung tiers de sol pour tout par mois...

Le duc de Guise, chef du parti catholique, et son frère le duc de Mayenne remportent plusieurs victoires et prennent plaisir à humilier le roi en se faisant acclamer dans Paris. De nombreuses provinces se rallient à la Ligue. Seules restent fidèles au roi La Guyenne, le Poitou, l'Anjou et la Touraine. Ulcéré, le souverain fait assassiner le duc de Guise et son frère le cardinal en décembre 1588. Il tente ensuite de se rapprocher du roi de Navarre qu'il se décide à rencontrer au château du Plessis-lès-Tours le 30 avril, ayant appris que le duc de Mayenne

33 Cette paroisse se trouve à environ vingt-cinq kilomètres au sud-ouest de Tours, à peu près entre Monts, à l'est, et Azay-le-Rideau, à l'ouest.

34 Il n'est fait aucune allusion à Guy de Laval, comte de Maillé.

dirige ses troupes vers Tours. Ces faits sont connus, comme la tentative d'enlèvement du roi dans les faubourgs de Tours peu après l'entrevue du Plessis, mais peuvent être complétés par quelques notes trouvées dans divers registres de Luynes. Elles nous indiquent notamment que le 24 avril, six jours avant la rencontre, une compagnie du régiment royal de Rubempré cantonne à Maillé[35]. Le 5 mai, un soldat du roi de Navarre est parrain d'un enfant[36], en marge de l'acte[37] le curé a ajouté « Le roy de Navarre estans à Maillé. » Sur ce point il semble bien que le duc de Sully[38], qui accompagnait le roi de Navarre ait dit vrai. Il est le seul à affirmer que celui-ci regagna Maillé après l'entrevue. Deux autres auteurs, Nicolas Goulard[39] et Jacques-Auguste de Thou[40] prétendent qu'il logeait dans le faubourg de Saint-Symphorien[41].

Ces anecdotes peuvent paraître insignifiantes, elles donnent cependant quelques indications sur les précautions prises. Le régiment de Rubempré est celui qui, avec deux autres, appuyés par la suite par les troupes du roi de Navarre, empêchèrent l'enlèvement du roi dans le faubourg de Saint-Symphorien le 7 mai 1589. Henri III avait donc envoyé une des compagnies de ce régiment à Maillé avant d'inviter Henri de Navarre à le rejoindre. Ce n'est donc pas par hasard que ce lieu fut choisi comme résidence de ce dernier. Il est utile de préciser qu'à cette époque le comte de Maillé[42] est Guy de Laval (1565-1590), fils de Jean, qui, comme lui, est aussi marquis de Nesle. Catholique, il a les mêmes idées de modération que son père vis-à-vis des réformés, et est depuis 1585 l'époux de Marguerite Hurault de Cheverny, fille de Philippe, ancien chancelier et Garde des Sceaux de France, disgracié après les évènements de Paris de 1588. Guy de Laval fera partie des premiers grands seigneurs à suivre Henri IV dès son avènement et mourra des blessures reçues lors de la bataille d'Ivry en 1590.

35 Archives communales de Luynes, registre des baptêmes de la paroisse Saint-Venant, 1E16, sépulture d'un soldat tué par accident.

36 Baptême catholique, ce qui pourrait laisser penser que tous les soldats du roi de Navarre n'étaient pas protestants.

37 Archives communales de Luynes, registre des baptêmes de la paroisse Saint-Venant, 1E16.

38 Maximilien de Béthune, *Mémoires du duc de Sully*, 1827, p. 242-247.

39 Nicolas Goulard, *Mémoires de la Ligue*, 1758, p. 297-299.

40 Jacques-Auguste de Thou, *Histoire universelle*, 1734, p. 617-622.

41 Ceci semble peu probable. Si les troupes du roi de Navarre, et lui-même, avaient logé sur place, ils n'auraient pas mis une journée pour se joindre à celles du roi pour repousser l'armée du duc de Mayenne.

42 La baronnie avait été érigée en comté en août 1572 pour Jean de Laval-Montmorency.

Durant la période de conquête du pouvoir par Henri IV, Maillé continue de jouer un petit rôle. Une note du curé de la paroisse Sainte-Geneviève nous apprend qu'en janvier 1591 les troupes du maréchal de Biron[43] cantonnent près de la ville[44]. En 1593 le curé de la paroisse Saint-Venant indique qu'il a en pension plusieurs enfants, réfugiés à Maillé « à cause des misérables troubles de France. », certains de ces enfants, qu'il a charge d'instruire, ont pour parents des magistrats du Parlement, délocalisé de Paris à Tours par Henri III en 1589[45].

L'Église réformée de Tours a survécu aux années 1570. En 1598, après la promulgation de l'Édit de Nantes, elle réclame un lieu de culte digne de ce nom. Les catholiques font tout pour s'y opposer. Le 25 août 1599 les protestants achètent la maison, située près du château du Plessis-lès-Tours, qui leur servait de temple depuis un moment[46]. Celui-ci sera détruit en 1621. Dix ans plus tard un autre temple est aménagé à la Ville-aux-Dames, au lieu-dit La Butte, qui sera à son tour démembré en 1685.

De 1563 à 1572 environ, peut-être plus longtemps, Maillé s'est ainsi retrouvée au cœur des multiples désordres liés aux premières Guerres de Religion, parfois les subissant, d'autres fois créant une sorte d'ordre relatif, une zone refuge, en raison de la bienveillance de ses seigneurs et de la présence d'une garnison au château. Plus tard, alors qu'elle n'est plus le lieu du temple protestant, c'est en raison de sa position stratégique, de sa réputation de lieu protégé, liée à ce récent passé, encore d'actualité, qu'elle sera à nouveau liée à divers évènements de la fin de ces guerres entre 1589 et 1594. Il est temps de s'intéresser maintenant aux effets, aux traces que cette situation a pu laisser dans la ville, à l'éventuelle influence de ces guerres sur la cité, sur sa population, sur son paysage et sur son économie, sans négliger l'évolution de celle-ci durant le siècle suivant.

---

43 Armand de Gontaut (1524-1592).

44 Archives communales de Luynes, 1E2, baptême d'un enfant de 7 à 8 mois trouvé après le camp de M. le maréchal de Biron.

45 *Ibidem*, 1E17, 18 avril 1593.

46 Il semble que ce détail soit inédit. C'est ce qui ressort du début de l'acte en question : « [Les acheteurs] luy auroient déclaré qu'ils vouloient establir l'exercice de leurdite relligion en ladite maison, jardin et pourpris, ce qu'il n'auroit voulluy empescher, qui est cause que ledit establissement auroit esté faict. Mais qu'il est raisonnable luy estant à présent, de posséder de ladite maison et appartenance à perpétuité [...] ». Archives départementales d'Indre-et-Loire, 3E5/266.

LES MUTATIONS DE MAILLÉ-LUYNES

DU COMTÉ DE MAILLÉ AU DUCHÉ-PAIRIE DE LUYNES

En 1593, Marguerite Hurault (1574-1614), comtesse de Maillé et veuve de Guy de Laval depuis trois ans, épouse Anne d'Anglure (1562-1594), baron de Givry, proche d'Henri IV, qui décède l'année suivante lors du siège de Laon. Elle se remarie vers 1610 avec un parent du duc d'Épernon, dont elle aura un fils[47]. Des difficultés financières aboutissent à la saisie du comté et à sa mise en vente judiciaire en 1619. Il est acquis en août par Charles d'Albert (1578-1621), favori de Louis XIII, et aussitôt érigé en duché et pairie sous le nom de Luynes. Le premier duc est nommé Connétable et Garde-des-Sceaux de France, mais décède en décembre 1621. Son fils Louis-Charles (1620-1690) sera le réformateur et l'organisateur du duché. Sous son règne le territoire s'accroîtra fortement, ce qui inquiétera plusieurs fois les édiles et les magistrats de Tours, notamment en raison des particularités liées au statut de pairie du duché.

DÉMOGRAPHIE DE MAILLÉ-LUYNES

Pour étudier la démographie de Maillé-Luynes aux XVIe et XVIIe siècles, nous disposons des registres des paroisses de la ville, et de ceux de l'Église réformée de Tours pour la période allant de 1630 à 1685[48]. L'observation de la courbe des baptêmes catholiques entre 1564 et 1700 montre clairement une forte croissance de cette population, particulièrement entre 1570 et 1660, suivie d'une décroissance continue. Cette hausse est particulièrement importante entre 1565 et 1585 pour la paroisse Sainte-Geneviève, qui est celle de la majeure partie de la ville, puis, après une légère baisse d'une dizaine d'années, d'une nouvelle hausse jusqu'en 1660 environ. Pour la paroisse Saint-Venant, plus petite que la précédente et qui occupe l'est du territoire, dont environ 10 % de la ville, ce décollage est plus faible entre 1565 et 1600, puis s'accélère jusqu'en 1650 pour décroître progressivement, puis fortement jusqu'en 1700.

---

47 François Dangereux, fils d'Arnaud, baron de Beaupuy (Tarn-et-Garonne), comte de Maillé à la mort de sa mère en 1614.

48 Pour ces derniers nous nous appuierons sur le remarquable travail de relevés d'Idelette Ardouin-Weiss, *Les protestants en Touraine*, 2000-2004.

ESSOR ÉCONOMIQUE ET NOUVELLE ACTIVITÉ ARTISANALE

Les registres des baptêmes ne donnent pas d'indications sur la profession du père avant 1593. Ces mentions ne deviendront presque systématiques qu'au XVIIIe siècle. Entre temps elles concernent 10 % des actes de la paroisse Sainte-Geneviève et 20 % de celle de Saint-Venant. Sur la période allant de 1590 à 1660, on constate pour la première paroisse une proportion croissante et forte de passementiers (6 % avant 1600, 26 % en 1650-1660). Cette proportion est ensuite nettement plus faible et descend à 11 % en 1700 (elle stagne à 5 % pour le XVIIIe siècle). Pour la seconde paroisse elle est déjà de 33 % avant 1600, monte rapidement à 65-70 % vers 1620, et se maintient à ce niveau jusqu'en 1680 environ. Elle chute ensuite à 25 % pour la période 1700-1790.

Si l'on rapproche ces données de l'ordonnance du Parlement de 1579 évoquée plus haut, la présence de passementiers à Maillé-Luynes semble bien être une conséquence des désordres religieux de la seconde moitié du XVIe siècle. Nous ignorons quelle proportion de protestants exerçaient cette profession durant cette période. Les quelques documents antérieurs à ces guerres indiquent que la ville ne possédait pas d'activité artisanale liée au travail de la soie avant cette émigration. Maillé-Luynes semble donc bien avoir constitué une sorte de zone refuge pour ces marchands et fabricants, pas seulement pour les protestants, diverses circonstances venant après les années 1590 amplifier l'essor de cette activité, comme la sécurité dont semble bénéficier Maillé ou plus tard le statut particulier lié à la pairie de Luynes et la protection de ses puissants seigneurs. On observe par exemple une arrivée de marchands passementiers venant d'autres régions, sans doute attirés par le contexte local, qui contribuent à l'essor économique. La part des protestants au XVIIe siècle ne semble pas très forte, mais elle est très ciblée : on note la présence d'une trentaine de familles entre 1630 et 1685, dont 76 % exercent l'activité de passementiers.

Cette présence déjà forte d'une activité concurrente et proche inquiète la ville de Tours, après la première tentative de 1579, la communauté de Tours obtient en 1655 d'avoir un contrôle sur les artisans de Luynes. La réorganisation du duché-pairie de Luynes, liée au nouveau contexte politique du royaume dès 1661, aboutit à l'autonomie des passementiers luynois vers 1670 et à l'organisation d'une communauté de métier structurée.

La présence à Luynes de marchands exerçant le même métier, mais de confessions différentes, ne semble pas poser de problèmes majeurs. Si nous n'avons aucune information avant les années 1620, nous pouvons pour la suite citer l'exemple de Jean Vidard, marchand maître passementier à Luynes et à Tours, catholique, qui épouse vers 1628 Jeanne Leconte, de famille protestante, dont le père exerce à Luynes le même métier que son gendre. Leurs six enfants seront alternativement baptisés au temple ou dans l'église Saint-Venant de Luynes, deux choisiront la religion réformée, et l'une, baptisée au temple, veuve jeune, deviendra religieuse hospitalière à l'hôtel-Dieu de Tours, refondera celui de Saumur en 1677, puis celui de Luynes en 1682, dont elle sera la supérieure pendant plus de vingt ans.

ÉVOLUTION DU PAYSAGE URBAIN

Dès les années 1660, le second duc de Luynes entame une politique d'extension de son duché, associée à une réforme de nombre de ses institutions religieuses et administratives. Plusieurs édifices sont bâtis ou aménagés : un couvent, l'hôpital ducal, le château et le palais de justice. Le duc, janséniste, semble avoir un dessein qu'il rédigera dans un petit livre paru en 1658, puis réédité en 1668 et 1687.

La ville n'a cependant pas attendu ces réformes pour changer de visage. On observe dès la fin du XVIe siècle la construction de plusieurs demeures privées, dont les façades les plus visibles sont édifiées en damier de brique et de pierre. Une vingtaine de ces maisons sont encore visibles de nos jours, mais il dut y en avoir plus. Cette densité de ce type d'architecture est unique en Touraine. Nous avons pu reconstituer globalement l'histoire de certaines d'entre elles qui semblent avoir été édifiées pour partie par des marchands passementiers. Cette mode disparait dans le courant du XVIIe, mais influencera encore un temps le cadre de la ville. Ainsi l'hôpital ducal édifiera vers 1714 un commun, dont deux façades sont en damier mixte.

CONCLUSION

Luynes doit indéniablement beaucoup à la politique religieuse, administrative, territoriale, sociale et économique du second duc de Luynes. Il est cependant juste de dire qu'il bénéficia des conditions d'un développement qui avait vu le jour avant même que la seigneurie ne soit acquise par sa famille. Cet essor au XVIIe siècle est aussi en grande partie la conséquence d'une combinaison de deux désordres : premièrement en raison des multiples troubles des Guerres de Religion qui eurent paradoxalement une influence bénéfique sur la petite ville par l'exode de marchands, catholiques comme protestants, venus se réfugier à Maillé, qui firent tout leur possible pour faire fructifier leurs métiers, s'enrichir, embellir la ville de nouvelle demeures, et qui eurent un rôle capital dans la remise en ordre sociale et économique de leur nouvel espace de vie ; deuxièmement à cause des problèmes de gestion et des circonstances familiales dramatiques, celles-ci directement liées à la dernière Guerre de Religion, qu'eurent les derniers seigneurs du comté, ce qui amena à la vente judiciaire de celui-ci puis à son érection en duché-pairie. Ce nouvel ordre mena à un nouveau désordre opposant la ville de Tours d'une part, soucieuse de préserver ses intérêts et inquiète des conséquences de cette création, aux marchands et aux ducs de Luynes. Les décisions du pouvoir royal tentèrent dans un premier temps de créer un ordre ménageant les deux parties, mais la volonté et la position du duc de Luynes, pair de France, soutenu par ses sujets, mena à réorganiser profondément le duché, avec l'accord du roi, dans un nouveau contexte politique dès les années 1660, en partie au détriment de la capitale de la province.

Patrick BORDEAUX
Doctorant, Centre André Chastel,
Sorbonne Université

BOURGES APRÈS L'INCENDIE DE 1487

Embellissement du paysage urbain et affirmation du pouvoir municipal

Le 22 juillet 1487, la ville de Bourges est en partie détruite par le feu. Dit de la Madeleine, cet incendie est considéré comme un événement majeur dans l'histoire de la ville. Il est cité par presque tous les auteurs traitant de Bourges et est invariablement présenté comme le plus terrible des incendies connus par la ville. Pour autant, l'ampleur des destructions n'est pas précisément définie[1]. Nous proposons ici de revenir sur la reconstruction qui a suivi ce grand feu, et plus précisément sur les actions du pouvoir municipal dans l'espace urbain lors de cette période.

L'étude se fonde sur l'analyse des sources textuelles produites durant les trente années qui ont suivi l'incendie, le corpus étant principalement constitué de correspondances entre le roi et la municipalité et de documents comptables. Les comptes municipaux sont intégralement conservés pour la période concernée et à ceux-ci s'ajoutent les comptabilités extraordinaires qui ont été tenues à la suite d'un octroi sur le sel accordé par Charles VIII. Par des lettres patentes datées du 24 septembre 1487, soit deux mois après l'incendie, le roi octroie à la municipalité berruyère une part de « [son] droit de gabelle de ch*ac*un mynot quart ou quintal de sel vendu et distribué en iceulx greniers et chambres a sel[2] ». Ce privilège, la perception de cinq deniers par minot de sel vendu, est accordé pour cinq années à compter du 1er octobre 1487[3]. Dans ses

---

1 L'un des enjeux de notre travail de thèse de doctorat est de délimiter plus précisément les zones urbaines détruites par l'incendie à partir d'une étude précise des sources écrites et matérielles contemporaines de la reconstruction de la ville.

2 Arch. mun. Bourges, CC 122. *Lettres patentes du roi Charles VIII pour l'octroi de cinq deniers par minot, quintal ou quart de sel vendu dans tous les greniers du royaume.* 24 septembre 1487.

3 Cette période a finalement été légèrement écourtée afin que cette part de la gabelle soit utilisée pour achever la construction du château d'Amboise.

lettres, le roi donne des instructions quant à l'usage qui doit être fait des recettes perçues ; les deniers doivent être employés pour :

> la reffection du portail de Saint Privé, ponts leveiz, tours, boullevars, hostel de ville, prisons, places, rues et marchez publicques et des onze eglises, l'ostel dieu de Saint Julien et autres plusieurs choses du corps de lad. ville qui ont esté totallement destruictes brullees et razees jusques en terre [...] et employez [...] au curement et nectoyement de la riviere passant par lad. ville laquelle est toute comblee des maisons brulees et pareillement des places publicques rues et marchez[4].

Le roi charge Jehan de Cambray de « leve[r], cueilli[r] et rece[voir] » les deniers issus de la recette du sel puis de les « convertir et employez », c'est-à-dire d'effectuer les dépenses, selon les consignes qu'il a données. Les « roolle[s] des parties et sommes de deniers » étant conservés[5], le déroulement du chantier de reconstruction de la ville peut être suivi dans le détail. L'ensemble des articles consignés dans ces cahiers de dépenses ainsi que dans les comptabilités ordinaires a été transcrit puis intégré à une base de données que nous avons développée pour faciliter le traitement des informations[6].

L'analyse des données issues de ces documents permet d'observer les choix qui ont été opérés par la municipalité lors de la reconstruction de la ville. À la suite de l'incendie de 1487, la municipalité a agi sur l'espace urbain de plusieurs manières : édification ou rénovation de bâtiments communaux, déblaiement des décombres puis entretien régulier des axes de circulation, pavage de ces voies ou encore construction de puits communs et mise en place d'un système d'égouts destinés à améliorer la salubrité de la ville. Nous proposons ici de revenir sur ces différentes actions qui permettent au pouvoir municipal de s'affirmer matériellement dans l'espace urbain.

---

4 Arch. mun. Bourges, CC 122, *Lettres patentes du roi Charles VIII pour l'octroi de cinq deniers par minot, quintal ou quart de sel vendu dans tous les greniers du royaume*, 24 septembre 1487.

5 Les registres comptables sont dispersés dans plusieurs dossiers conservés aux archives municipales de Bourges.

6 Cette base de données a été développée sous le logiciel Access.

AFFIRMER LE POUVOIR MUNICIPAL DANS L'ESPACE URBAIN : LA CONSTRUCTION DE LA MAISON DE VILLE

Louis XI, par des lettres patentes données à Senlis le 17 mai 1474, ordonne la mise en place d'un maire et de douze échevins pour gouverner la ville de Bourges[7]. Ces derniers viendront remplacer les quatre prud'hommes et seront nommés par le roi lui-même parmi une liste de vingt-huit noms proposée par le maire et les échevins sortants. Dès février 1484 (n. st.), Charles VIII modifie les conditions du gouvernement de la ville[8] : la charge de maire est supprimée, le nombre d'échevins est réduit à quatre et les habitants peuvent désormais les élire en assemblée. De plus, les échevins sont désormais renouvelés par moitié chaque année, afin d'assurer un suivi des affaires plus cohérent. En avril 1491, Charles VIII autorise les habitants à élire de nouveau un maire pour être « président et chef des échevins et de la communauté de la ville[9] ». Le corps de ville est accompagné dans la gestion des affaires municipales par une assemblée formée de trente-deux habitants « non faisant œuvre mechanique ».

Avant l'incendie, le conseil se réunissait dans une salle louée par le prieuré Notre-Dame de la Comtale. Ce monastère a été détruit par le feu, provoquant ainsi la perte des titres et papiers municipaux. Le maire et les échevins décident que c'est désormais « une chose bien urgente et propisse [sic.] pour une telle cité[10] » de construire un bâtiment municipal pour accueillir les assemblées et conserver les archives. L'incendie ayant détruit une partie des maisons de la ville, il

7 Jean Chenu, *Recueil des antiquitez et privilèges de la ville de Bourges et de plusieurs autres villes capitales du Royaume…*, Paris, chez Nicolas Buon, 1621, p. 22-23.

8 Lettres patentes signées aux Montils-les-Tours le 14 février 1484 (n. st.) reproduite dans : Emmanuel de Pastoret (ed.), *Ordonnances des rois de France de la troisième race, dix-neuvième volume, contenant les ordonnances rendues depuis le mois de mars 1482 jusqu'au mois d'avril 1486*, *op. cit.*, p. 268-271.

9 J. Chenu, *Recueil des antiquitez et privilèges de la ville de Bourges et de plusieurs autres villes capitales du Royaume…*, *op. cit.*, p. 121.

10 Arch. mun. Bourges, DD3, *Lettre d'achat de la place destinée à construire l'hôtel de ville*, 30 septembre 1488.

est possible d'obtenir « plus facillement et a moindre pris » une place pour y construire l'hôtel de ville. Une parcelle est achetée à Pierre Jehanin le 30 septembre 1488 pour 425 écus d'or à la couronne. Elle contient « court, jardin, appartenances et appendances » mais « nulle cave ne voulte ne bastiment quelzconques ». Une fois l'achat signé, deux devis de construction sont commandés et un plan est réalisé avant le début de la construction. Pendant les deux premières années du chantier (oct. 1488-juin 1490), la majeure partie du gros-œuvre est réalisée : maçonnerie, planchers et charpente du corps de bâtiment. La vis d'escalier et les décors sculptés sont mis en œuvre pendant la troisième année du chantier (juil. 1490-juin 1491). L'ensemble du bâtiment est carrelé, enduit, couvert d'ardoises et plombé au cours de la quatrième année (juil. 1491-juin 1492). Enfin, la cinquième année est consacrée à la mise en place des huisseries et éléments métalliques des portes et fenêtres (juil. 1492-juin 1493). Les vitraux et le mobilier sont installés au cours de cette même campagne. Des renforts de maçonnerie ainsi que divers remplacements de vitraux sont effectués jusque dans les années 1500.

La construction, après l'incendie, d'un bâtiment destiné à recevoir les assemblées et à abriter les archives de la ville constitue un acte fort de l'affirmation du pouvoir municipal dans l'espace urbain. En parallèle de la construction de cet hôtel qui a coûté plus de 8 000 £, la chambre des comptes a été reconstruite pour une somme totale de 1 350 £ t. (réfection du corps de bâtiment, de la tour des prisons et de la petite maison du concierge). Ce chantier a été entièrement financé par les recettes de l'octroi sur le sel. Par ailleurs, un peu plus de 6000 £ t. issues des deniers accordés par le roi ont servi à financer la rénovation d'une grande partie de l'enceinte urbaine. Le tableau placé ci-dessous synthétise les dépenses faites à partir de l'octroi royal que nous étudions ici. La catégorie « autres » n'a pas de cohérence propre et a pour seule vocation de mettre en évidence qu'une part des dépenses n'est pas explicitée dans cet article.

Postes de dépenses	Somme	Pourcentage de la dépense totale
Hôtel de ville	8130 £ t.	32 %
Enceinte urbaine	6000 £ t.	24 %
Pavage	5300 £ t.	21 %
Curage	2100 £ t.	8 %
Chambre des comptes	1350 £ t.	5 %
Autres	*2400 £ t.*	*9 %*

Tableau 1 – Principales dépenses effectuées à partir des deniers octroyés par Charles VIII.

ENTRETENIR L'ESPACE URBAIN : DE L'ÉVACUATION DES DÉCOMBRES À LA GESTION DES DÉCHETS AU QUOTIDIEN

Si une part importante du don royal a été consacrée à la construction et rénovation des bâtiments civils, plus de 2000 £ t. ont été dédiées au nettoiement de l'espace urbain et à l'évacuation des débris liés à l'incendie. De très nombreuses opérations de curage ont été menées afin d'évacuer les décombres issus des destructions. Il est nécessaire de rétablir le plus rapidement possible la circulation des hommes et des marchandises ; « d'oster les terres des maisons brullees [...] en si grant nombre [...] qu'on ne pouvoit passer, aller ni venir par icelles rues ni mener charroy[11] ». Si les rues et places doivent être débarrassées des décombres avant d'être pavées, les cours d'eau nécessitent également d'être curés pour « pouvoir faire passer les challans et vesseaux passant aud. molin et biez[12] ». L'Yévrette, qui traversait la ville, était « toute comblé[e] de terres et boys, pierres et autres ordures qui estoient tombées en icelle par le grant feu ». Au cours des cinq premiers mois qui ont suivi l'incendie, Olivier Nisault et Thomas Bodin, pionniers,

11 Arch. mun. Bourges, CC 152/1, *État des dépenses de l'octroi sur le sel*, 1488-1490.

12 Arch. mun. Bourges, CC 152/2, *État des dépenses de l'octroi sur le sel*, 1490-1491.

reçoivent 405 £ pour la curer et la nettoyer[13]. Les deux ouvriers perçoivent également 258 £ pour installer des pieux le long de la rivière afin qu'elle ne quitte pas son cours et que les immondices ne puissent plus y tomber. En 1488, quelques opérations sont menées pour compléter cette entreprise[14].

Les tâches de curage et de transport des immondices ne demandent pas de qualifications particulières, ce qui explique le très grand nombre de personnes rémunérées pour effectuer ces opérations. Parmi eux se trouvent des hommes de bras, voituriers, charretiers, miniers, pionniers ou sergents de la ville. Les immondices sont évacuées en étant chargées sur des tombereaux, des voitures tirées par deux chevaux portant une caisse pouvant basculer lors du déchargement[15].

Il nous faut ici distinguer le curage exceptionnel des rues et de la rivière à la suite de l'incendie de la gestion des déchets au quotidien et du curage ordinaire des rues, très bien renseignés dans les comptabilités ordinaires de la ville. Une série d'ordonnances, produite en 1492 et intitulée « Ordonnances sur le fait et entretienement de la police de ceste ville de Bourges », renseigne les pratiques urbaines liées à la gestion quotidienne des déchets. Ces dix-sept ordonnances, proposées par le bailli de Berry, ont été validées par une séance de délibération, dans l'hôtel du bailli, le 25 janvier 1492 (n.st.), avec les échevins, l'assemblée des habitants, l'avocat et le procureur du roi[16]. Sept ordonnances portent sur le nettoiement des rues et l'organisation du service de ramassage des ordures. Le non-respect de l'une des règles édictées entraîne systématiquement une amende de cinq sous la première fois puis une amende arbitraire en cas de récidive. Ainsi, il est interdit de déposer des ordures sur les pavés, de jeter celles-ci par les fenêtres et de s'en débarrasser dans la rivière. Le rédacteur des ordonnances précise que ces mesures sont prises de manière à ce que l'on puisse « garder et tenir [le pavé propre] plus de deux jours » ! Un service de ramassage des ordures semble déjà être en place. Celles-ci sont ramassées une fois par semaine par « celluy qui a la charge de nectoier la ville ». Les tombereaux sont également

---

13 Arch. mun. Bourges, CC 122/1, *État des dépenses de l'octroi sur le sel*, 1487-1488.

14 Arch. mun. Bourges, CC 152/1, *État des dépenses de l'octroi sur le sel*, 1488-1490.

15 *TLFi : Trésor de la Langue Française informatisé*, http://www.atilf.fr/tlfi, ATILF – CNRS & Université de Lorraine (consulté le 14/03/2017).

16 Arch. mun. Bourges, DD 26, *Ordonnances de la police de Bourges sur l'entretien de la ville*, 1492.

l'objet de règlementations. Leur taille est strictement définie : ils doivent être hauts d'1,5 pieds (50 cm), longs de 5 pieds (160 cm) et larges de 2 pieds au fond (65 cm) et 2,5 pieds au plus point le plus haut (80 cm). Ces derniers ne doivent pas être trop chargés afin que rien ne puisse s'en déverser. Les charretiers sont tenus de déposer les terres et immondices dans trois lieux précis, hors de la ville, avec une interdiction complète de les amasser ailleurs. Deux fosses et une « rue creuse » ont ainsi pour vocation d'accueillir les ordures de la ville de Bourges. Les actions du pouvoir municipal témoignent d'une volonté forte d'assainir l'espace public. Ces ordonnances, comme les très nombreuses opérations destinées à curer puis paver les rues et places de la ville, ont une vocation : pouvoir tenir les rues propres. Les rues pavées sont en effet bien plus faciles à nettoyer que les voies en terre battue.

EMBELLIR LA VILLE : LE PAVAGE DES VOIES DE CIRCULATION

Si les opérations de curage sont très nombreuses entre 1488 et 1491 puis nettement moins durant les deux années suivantes, la courbe est inverse pour les opérations de pavage. En effet, une fois les rues débarrassées des décombres de l'incendie, la municipalité a pu lancer une grande entreprise de pavage des voies de circulation. Près de 5300 £ t., soit un cinquième des deniers collectés sur le droit de gabelle du roi, sont consacrés aux travaux de pavage et concernent majoritairement les environs des principales portes de la ville (Auron, Saint-Sulpice, Bourbonnoux et Saint-Privé). Les deniers issus du don royal ne suffisent pas à financer l'ensemble des opérations et la municipalité consacre en moyenne 640 £ par an au pavage des voies de circulation[17]. C'est un poste de dépense inévitable puisqu'en même temps qu'il contribue à la salubrité, le pavage des voies améliore les conditions de circulation des hommes et des marchandises dans la ville. En effet, lorsqu'en 1493 Charles VIII demande que la rue Saint-Ambroix soit pavée il précise

17 Durant la période allant de 1486 à 1512.

qu'en hiver « n'y a nul charroy ne gens a cheval qu'ilz puissent entrer en nostredite ville[18] ». Si s'exprime ici une demande royale, la nécessité de rendre la ville praticable apparaît aussi pour l'assemblée des bourgeois et habitants de Bourges qui accorde, en 1495, au maire et aux échevins le droit de faire paver autant de rues que nécessaire, tant *intra-muros* qu'hors de la ville[19].

Les comptabilités ordinaires renseignent les choix opérés par la municipalité puisque chaque registre contient deux chapitres relatifs au pavage – les dépenses concernant l'achat des matières premières, pierres de pavé et sable à paver, étant distinctes de celles concernant le paiement des paveurs. Chaque article de compte précise la localisation des livraisons et de la mise en œuvre des matériaux. Ces informations permettent donc de cartographier précisément les travaux de pavage. Les comptabilités offrent également de nombreuses informations sur les matériaux utilisés et sur le travail des paveurs. La sentence du prévôt de Paris de 1502 concernant les paveurs parisiens prévoit que ces derniers reçoivent 4 s. parisis par toise de pavé, comprenant la main d'œuvre et la fourniture du sablon[20]. À Bourges, durant la période 1486-1500, les paveurs reçoivent entre 3 s. t. et 4 s. 2 d. t. par toise réalisée[21]. Contrairement à la pratique parisienne, ils ne sont pas chargés de fournir le sablon qui, comme les pierres de pavé, est acheté indépendamment par la ville. Le sable à paver, parfois qualifié de « gros » dans les comptabilités, est payé à la tombellerée, l'unité de mesure correspondant à un tombereau, soit environ 800 kg[22]. Le prix de la tombellerée diminue de 17 à 12 d. t. en passant par 15 entre 1486 et 1500. Cette diminution du prix d'achat accompagne celle de la baisse du coût des pierres de pavé et celle du salaire des paveurs, sans que nous ne puissions les expliquer. Les pierres de pavé sont achetées à l'unité et par lots de destinations puisque le fournisseur les livre directement à l'emplacement de leur pose. Le coût du transport depuis

18 David Rivaud, « Lettres de Charles VIII et de Louis XII conservées dans les fonds d'archives berruyers », *Annuaire-Bulletin de la Société de l'histoire de France*, 1999, p. 82.

19 Arch. mun. Bourges, BB 3 pièce 6, *Délibération du 6 octobre 1495*, 1495.

20 René Lespinasse de (éd.), *Les métiers et corporations de la ville de Paris, édition du livre d'Étienne Boileau*, Paris, Impr. nationale, 1879, p. 619.

21 Il n'est jamais précisé si les mesures concernent des toises carrées mais nous pouvons le supposer.

22 Calcul effectué à partir des informations sur la taille des tombereaux données dans les ordonnances de 1492.

le lieu d'extraction, Quantilly ou La Chapelle, n'est pas distingué de celui du matériau. Les pierres de Quantilly sont un peu plus coûteuses (de 10 s. à 8 s. 4 d. le cent) que celles de la Chapelle (de 9 s. à 8 s. le cent). Cette différence peut justement s'expliquer par l'éloignement des lieux d'extraction, Quantilly étant situé à une quinzaine de kilomètres au nord de Bourges alors que La Chapelle Saint-Ursin est à moins de sept kilomètres au sud-ouest de la ville.

À partir de 1498, les pierres de pavé sont comptées par le maire, les échevins et/ou le clerc des œuvres de la ville lors de la livraison. Les comptabilités ne mentionnent pas une telle pratique avant cette date. Par conséquent, nous pouvons nous interroger sur les raisons de la mise en place de cette vérification du chargement des charrois de pavés ; des abus de la part des transporteurs ont-ils été observés ? La forte implication de la municipalité dans la mise en place de ce réseau de voirie permet une meilleure circulation des hommes et des marchandises mais est également en lien direct avec la volonté d'assainissement de l'espace urbain.

AMÉLIORER L'HYGIÈNE PUBLIQUE : LES PUITS COMMUNS ET LES ÉGOUTS

Entre 1487 et 1500, la municipalité a financé la construction ou reconstruction de vingt-cinq puits communs[23]. Cet équipement de l'espace public en sources d'eau est une préoccupation importante pour le corps municipal, ce dont témoigne une délibération de l'assemblée des bourgeois et habitants qui donne toute puissance aux maire et échevins de faire construire autant de puits qu'il le faudra[24]. La construction de puits comme de caniveaux, « grans noubz de pierre[25] », est destinée à améliorer la salubrité de l'espace urbain mais est également directement

23 Arch. mun. Bourges, CC 259 à CC 270, *Comptes des deniers communs*, 1487-1500.

24 Arch. mun. Bourges, BB 3 pièce 6, *Délibération du 6 octobre 1495*, 1495. (Il est intéressant de noter que cette décision est prise dans la même délibération que celle qui concernait la toute puissance donnée en matière de pavage).

25 Arch. mun. Bourges, DD 26, *Ordonnances de la police de Bourges sur l'entretien de la ville*, 1492.

mise en lien avec la prévention des « grans inconvenians de feu qui pouvoient advenir en lad. ville[26] ». Dans les comptabilités étudiées, seule une petite dizaine d'égouts a été répertoriée. Aucune mention n'est faite de systèmes d'égouts dans le cœur de ville ; tous sont situés en périphérie, à proximité de l'enceinte médiévale (rue Saint-Ambroix, rue du Pont aux Canes, rue Saint-Privé, rue du Pont de Paris, rue des Cordeliers, rue de Fontmorigny). Les égouts gagnent à être installés avant la pose des pavés puisqu'ils prennent place sous ces derniers. Certaines chaussées sont ainsi réhaussées pour permettre la mise en place du réseau d'égouts avant le pavage – c'est notamment le cas de la rue Saint-Ambroix[27]. La construction des égouts mobilise les maçons, puisque ces ouvrages sont en pierre, mais également les serruriers pour l'installation ponctuelle de crampons métalliques destinés à maintenir les pierres entre elles ou de treillis de fer, certainement pour en grillager l'entrée[28]. Cette protection permet probablement de limiter les obstructions du réseau d'égout, ce qui n'empêche en rien que les caniveaux soient régulièrement curés. Le curage concerne aussi les puits. Il est alors confié aux maçons en charge de rénover régulièrement les structures de ces cavités. Ainsi, en 1495, Pierre Chrispein et Guillaume Boucher ne reçoivent qu'une partie de leur rémunération car ils n'ont pas fait « croter » le puits et qu'ils ne l'ont maçonné que de deux pieds en eau au lieu des trois prévus. Six livres sont retenues de la rémunération prévue jusqu'à ce qu'ils achèvent leur mission lors de la prochaine saison d'été[29].

Selon la catégorisation proposée par Danielle Alexandre-Bidon[30], les puits de Bourges sont à potence et poulie. Ainsi, une poulie en fer, accrochée à une potence en bois ou en métal, était équipée d'une corde ou d'une chaîne en fer maintenant un seau pour permettre le puisage[31]. Dans les comptabilités, il n'est jamais fait mention de la margelle du puits. Cependant, les termes d'enchâsse et d'enchâssure reviennent très régulièrement pour désigner la structure en maçonnerie. Celle-ci est

---

26 Arch. mun. Bourges, BB 3 pièce 6, *Délibération du 6 octobre 1495*, 1495.

27 Arch. mun. Bourges, CC 269 et CC 270, *Comptes des deniers communs*, 1498-1500.

28 Arch. mun. Bourges, CC 266, *Comptes des deniers communs*, 1495-1496.

29 Arch. mun. Bourges, CC 270, *Comptes des deniers communs*, 1499-1500.

30 Danièle Alexandre-Bidon, « Archéo-iconographie du puits au Moyen Âge (XIIe-XVIe siècle) », *Mélanges de l'École française de Rome. Moyen Âge*, 1992, vol. 104, n° 2, p. 519-543.

31 Jean-Pierre Leguay, *L'eau dans la ville au Moyen Âge*, Rennes, Presses universitaires de Rennes, 2002, p. 203.

construite en pierre de taille[32] et présente une hauteur allant de trois à quatre assises. Par ailleurs, l'emploi de moellons, appelés « orneaulx », est ponctuellement mentionné dans les comptabilités. Ces dernières indiquent que certains puits étaient surélevés par quelques marches. Avant le paiement des ouvriers, les enchâsses maçonnées étaient visitées et contrôlées par les maîtres-maçons de la ville. Les nombreux achats de barres de fer destinées à soutenir les poulies[33] indiquent que les potences étaient majoritairement en métal. Cependant, le paiement de charpentiers pour réaliser « la charpenterie d'un puits » pose question, s'agit-il de potences en bois ou de la fabrication d'une structure destinée à couvrir le puits ? Certains puits de la ville pouvaient également être couverts et protégés par une structure métallique comme le laisse penser l'achat d'une « grosse poterne et [de] cinq crampons de fer servans au puys » ou encore l'achat de crampons de fer installés sur le dessus du puits. La municipalité achète tant des chaînes de métal que des cordes pour permettre le puisage de l'eau. Les comptabilités offrent quelques informations quant au décor que pouvaient recevoir les puits communs. Des panneaux de fer sont commandés et, comme à Amboise[34], ils sont peints aux armes du roi et de la ville[35].

CONCLUSION : LES HABITANTS, LEURS MAISONS ET LA LUTTE CONTRE LES INCENDIES

Ce tour d'horizon des actions menées à la suite de l'incendie de 1487 permet d'entrevoir le rôle du pouvoir municipal dans la gestion de cet espace urbain mis à mal par les destructions causées. Il n'a pas été question jusqu'alors d'une composante majeure et majoritaire de la ville : les maisons. Si c'est avec certitude le bâti privé qui a le plus souffert lors de cet incendie, les sources étudiées ici ne le renseignent pas. Le don

32 Les comptabilités précisent que les pierres employées sont des « cartiers durs ».
33 Arch. mun. Bourges, CC 266, *Comptes des deniers communs*, 1495-1496.
34 Lucie Gaugain, *Amboise : un château dans la ville*, Tours, Presses universitaires François-Rabelais, 2014, p. 256.
35 Arch. mun. Bourges, CC 267 et 268, *Comptes des deniers communs*, 1496-1498.

royal n'est pas utilisé pour indemniser les habitants des pertes qu'ils ont subies. Tout au plus, deux d'entre eux reçoivent une petite somme pour avoir curé la place de leur maison brûlée[36]. Il est une source municipale dans laquelle la question des maisons et des habitants est au centre : la série d'ordonnances publiée en 1492 que nous avons mentionnée pour la gestion quotidienne des déchets[37]. Huit d'entre elles réglementent la lutte contre les incendies, tant sur le plan matériel qu'humain. Deux interdictions sont proclamées afin de prévenir au maximum les risques d'incendies. Ainsi, les maisons ne devront plus être couvertes avec des aissils[38] : il est interdit d'en vendre, d'en transporter dans la ville, et les couvreurs sont sommés de ne plus les mettre en œuvre dans la ville et dans les faubourgs. Tout contrevenant sera puni d'une amende arbitraire et le stock d'aissils sera brûlé sur-le-champ. Les bardeaux de bois sont considérés comme « la principalle cause et action dont toujiours sont advenuz les grans inconveniens [...] de feu » qu'il est impossible d'éteindre. En effet, ce type de couverture prend feu très rapidement et il est difficile d'éviter la propagation des flammes d'une maison à l'autre. L'ordonnance précise que les aissils « volle[nt] loing », ce qui rend d'autant plus difficile l'extinction de l'incendie. La seconde interdiction concerne les feux de bois domestiques ; il est désormais interdit de les allumer dans une maison qui ne possède pas de « bonnes et seures cheminees ». Des « gens » seront commis pour visiter les maisons afin de vérifier la bonne application de cette mesure. Dans les deux cas précédemment cités, la défense est faite « par croy publique », et la dénonciation aux officiers de justice est encouragée.

Le bailli, avec l'accord du gouvernement urbain, ordonne que le matériel de lutte contre les incendies soit renforcé. De nouveaux seaux, des récipients en bois garnis de peaux[39], sont commandés afin que la ville en possède désormais 250. Quant aux lances, 100 sont nécessaires pour abattre les maisons en feu ; elles doivent être légères et présenter un petit crochet en fer à leur extrémité afin d'être plus facile à utiliser

36 Arch. mun. Bourges, CC 152/1, *État des dépenses de l'octroi sur le sel*, 1488-1490.

37 Arch. mun. Bourges, DD 26, *Ordonnances de la police de Bourges sur l'entretien de la ville*, 1492.

38 Terme employé à Bourges pour désigner les tuiles de bois, les bardeaux. (DMF : Dictionnaire du Moyen Français (DMF 2015), http://www.atilf.fr/dmf, ATILF – CNRS & Université de Lorraine, consulté le 14/03/2017).

39 « deux cens et cinquante tines garnies de paulx »

que « les grands crochetz qui sont a p*rese*nt lesquelz sont difficiles a lever et a manier ». Enfin, la ville devra disposer de 100 bâtons longs d'une demi lance avec un « estouau » au bout. Les bâtons garnis d'*estouaulx*[40] seront semblables à ceux dont disposent les boulangers pour nettoyer leurs fours. Il est précisé dans l'ordonnance que l'on se servira de ce matériel depuis la maison située à côté de celle qui brûle pour « facillement obvier que lesd. prochaines maisons ne brullent en les moilhant ».

Les cinq dernières ordonnances portent sur la mise à contribution des habitants dans la lutte contre le feu. Un ensemble de 48 « gens puissans et adce ydoynes » doit être constitué pour être en charge de la garde du matériel dont dispose la ville et de la mise à disposition de celui-ci en cas d'alerte incendie. Ainsi, chaque échevin doit, pour son quartier, présenter au bailli douze personnes désignées pour une durée deux ans (temps pendant lequel elles seront exemptées du devoir de guet et garde des portes de la ville). Cet ensemble forme une sorte de service de « pompiers », chacun des membres étant en charge de se rendre chacun avec le matériel et son « habilhement » sur le lieu de l'incendie pour obéir aux ordres des officiers du roi et des échevins. Cette charge est lourde puisqu'aucune absence n'est tolérée. Si l'un des membres de ce service est malade ou contraint de s'absenter, il doit obligatoirement se faire remplacer sous peine d'être emprisonné. Un autre service doit être mis en place par chaque échevin : une garde, par quartier, de 15 ou 20 hommes « armez et embastonez » est chargée, pendant le temps d'extinction d'un feu, que ce soit de jour ou de nuit, de garder les portes de la ville et de visiter les « hostelleries et autres lieux » afin d'éviter tout larcin[41].

En plus de ces deux services mis en place par les échevins dans chaque quartier, les habitants sont plus ou moins directement réquisitionnés en cas de déclaration d'incendie. Quatre corps de métier sont particulièrement mis à contribution : voituriers, poissonniers, charpentiers et couvreurs.

40 Nous ne sommes pas en mesure de proposer une interprétation certaine de ce terme qui n'est référencé dans aucun dictionnaire. Cependant avec l'aide précieuse d'Emmanuel de Crouy-Chanel nous pouvons proposer d'établir une parenté entre les termes *estouau* et *escouvillon*. Ce dernier étant « une brosse servant au nettoyage des fours de boulangers » (DMF, http://www.atilf.fr/dmf, consulté le 15/03/2017).

41 Il est précisé à la fin de cet article « comme autrefoys est advenu en aulcunes villes de ce royaulme et ailheurs », il devait donc être fréquent que certains profitent de la panique provoquée par le feu pour commettre des « larcins ».

Ainsi les voituriers possédant des « esuirvaulx » et les poissonniers ayant des tonneaux doivent se rendre immédiatement sur les lieux avec leur matériel rempli d'eau et ne « cesser d'aller et venir querir et charroyer eaues » jusqu'à ce qu'un officier leur donne congé. Les charpentiers et les couvreurs doivent également se trouver sur les lieux de l'incendie pour abattre, selon les ordres des mêmes officiers, les maisons en feu[42]. Enfin, des « femmes et autres gens » seront désignés pour être devant les puits communs et remplir des seaux de « mani*ere* que de toute part viegne eaux en habondance ». Dans cette même ordonnance, la mise en place de puits communs et de « grands noubz de pierre[43] » est décidée afin de permettre un bon approvisionnement en eau en cas d'incendie.

Marie LAFONT
Doctorante, Centre d'études supérieures de la Renaissance, Université de Tours

42 Il est précisé que la reconstruction de ces maisons sera prise en charge par la ville.

43 Une « noue » est un caniveau en pierre. (DMF : Dictionnaire du Moyen Français (DMF 2015), http://www.atilf.fr/dmf, ATILF – CNRS & Université de Lorraine, consulté le 14/03/2017).

INDEX DES NOMS

RÉSUMÉS

Clément BEUVIER et Pierre PERESSON, « Introduction »

En analysant les différentes modélisations des rapports de l'ordre et du désordre à la Renaissance, les contributions de ce recueil soulignent la prééminence de l'ordre, soubassement ou horizon du désordre. Il ressort cependant de l'ensemble de ces analyses que c'est la localisation du désordre qui est la pierre de touche permettant de spécifier la nature de ces rapports.

David MOUCAUD, « Le désordre syntaxique pour métronome, ou de la poétique comme confusion des ordres »

L'article analyse la tension qui se fait jour, dans l'écriture poétique du XVIe siècle, entre l'ordre structurant la linéarité du vers et un désir de désordre incarné par un certain nombre de perturbations syntaxiques. Si Boileau en fait grief à ses prédécesseurs, l'auteur montre cependant que ces perturbations demeurent *in fine* les instruments d'une mise en ordre.

Thomas TATEM, « Ordre et désordre dans les *Institutes coustumières* d'Antoine Loisel »

L'étude des *Institutes coustumières* montre comment le travail de la langue par Antoine Loisel participe pleinement du projet juridique et politique de l'auteur : en usant de la forme brève pour émonder la matière coutumière, le disciple de Cujas cherche à en homogénéiser la signification pour en favoriser l'apprentissage tout en promouvant l'unification d'un droit national. La mise en ordre du droit par la langue est ainsi tournée vers la mise en ordre du monde.

Mathilde Cornu, « Rétablir un ordre perturbé. La scène du procès des diables contre Jésus dans le *Mystère des Actes des Apôtres* »

À travers l'étude du procès des diables contre Jésus, présent dans certaines versions du *Mystère des Actes des Apôtres*, l'article montre comment cette scène, dans l'économie du mystère, permet de mettre fin au désordre temporairement instauré par les diables qui laisse place à l'ordre divin. Le caractère comique des diables va ainsi de pair avec la nécessité de rappeler les vérités du dogme au spectateur-lecteur, en mettant en scène le désordre et sa remédiation.

Manon Gac, « Les *Articles du traité de la paix entre Dieu et les hommes* d'Artus Désiré »

L'article propose une étude des *Articles du traité de la paix entre Dieu et les hommes* d'Artus Désiré, en montrant comment le prêtre pamphlétaire, catholique radical, use du texte biblique pour demander l'extermination du camp protestant qu'il juge être la cause du désordre du monde. L'attention portée au paratexte autant qu'au texte des *Articles* met en avant les procédés par lesquels Désiré en appelle au bras séculier pour rétablir un ordre dont Dieu est le principe.

Charlotte Fuchs, « Juger le désordre conjugal pour rétablir l'ordre moral (1530-1630) »

Les représentations et le traitement des désordres au sein du couple à l'époque moderne sont évoqués par Charlotte Fuchs, à travers l'analyse croisée des sources judiciaires et des canards sanglants autour de la figure du mari battu. L'auteur dégage les enjeux sociaux d'une atteinte à l'ordre perçue de plus en plus comme un crime politique : entre mise à distance par le rire et la caricature, punition de ceux qui ont failli à leur position de dominants ou silence des sources.

Diane Baustert, « Apollinien et dionysiaque à la Renaissance. Le nain : figure de la belle laideur de la peinture italienne »

L'article étudie la figure du nain dans la peinture italienne de la Renaissance et tente de cerner les formes de sa réception. Le corps du nain participe ainsi d'un ordonnancement d'ensemble, en apportant l'élément de désordre qui enrichit la représentation. En outre, sa difformité représentée crûment ouvre un nouvel horizon au regard du spectateur, celui de la jouissance gratuite et positive d'une figure incarnant le désordre.

Jean BEUVIER, « Ordre et *varietas* dans l'ornement sculpté du tour de chœur de Chartres »

À travers l'étude du tour de chœur de la cathédrale de Chartres, l'article décrypte l'ordre inhérent à la sculpture ornementale, derrière le foisonnement apparent des figures et des motifs. Il dégage ainsi les linéaments d'une cohérence globale ; l'ornement se révèle comme un élément à part entière de la liturgie à travers les différents jeux d'échos entre les thématiques inscrites dans la pierre et les pratiques cultuelles de la fin du XVᵉ siècle dont l'article donne le détail.

Patrick BORDEAUX, « Les influences des guerres de Religion sur l'évolution socio-économique et le paysage architectural de Maillé-Luynes, XVIᵉ-XVIIᵉ siècles »

L'article analyse l'évolution du « paysage architecturale » de la ville de Maillé en Touraine, des guerres de Religion aux années 1660. Il mesure l'influence du contexte politique et précise le rôle des élites dans la transformation du bâti. Il montre de la sorte comment le nouveau style des demeures privées porté par les passementiers à la fin du XVIᵉ siècle est repris au siècle suivant et étendu aux bâtiments civils dans le cadre de la politique édilitaire des ducs de Luynes.

Marie LAFONT, « Bourges après l'incendie de 1487. Embellissement du paysage urbain et affirmation du pouvoir municipal »

Après le grand incendie de Bourges en 1487, les autorités municipales et le pouvoir royal travaillent ensemble à la reconstruction de la cité. L'article reconstitue le détail des mesures prises pour parer à l'urgence. Il saisit aussi sur le vif l'émergence d'un nouvel ordre bâti et de nouveaux modes d'organisation de la lutte contre les risques d'incendie – visant à conjurer le désordre – dans les deux années qui suivirent la catastrophe.

TABLE DES MATIÈRES

TROISIÈME PARTIE

LES APPARENCES DU DÉSORDRE

QUATRIÈME PARTIE

REBÂTIR APRÈS LE DÉSORDRE

IMPRIM'VERT®

Achevé d'imprimer par Corlet Numéric,
Z.A. Charles Tellier, Condé-en-Normandie (Calvados), en juillet 2021
N° d'impression : 172510 - dépôt légal : juillet 2021
Imprimé en France